Familien-Reiseführer

BRETAGNE

COMPANIONS

Bretagne

1.001 Gelegenheit zum Planschen, Toben und Entdecken

Bretagne für Eltern und Kinder

Kinderfreundliche Strände

Zehn Touren, die allen Spaß machen

Charmant wohnen: Granitsteinhäuser sind typisch für diesen Landstrich

Wetterfest gekleidet lassen sich die Landspitzen des Finistère gut erobern

Die tollsten Attraktionen für Kinder

Gut zu wissen

Ob endlose Sandstrände oder wilde Steilküste – für jeden ist was dabei

Was Sie wissen sollten

Diese Zeichen und Symbole begleiten Sie durch das ganze Buch und geben Ihnen besondere Informationen:

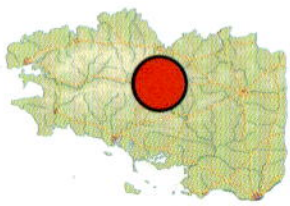

Die Mini-Karte der Bretagne mit dem dicken roten, grünen oder blauen Punkt zeigt Ihnen auf einen Blick, an welchem Ort sich die jeweilige Adresse befindet.

Infos zur Region oder spezielle Empfehlungen für die Eltern gibt's in den grünen Kästen.

In den orangefarbenen Kästen stehen tolle Tipps oder Geschichten für Kinder.

Regionale kulinarische Genüsse oder ein Restaurant, in dem auch Ihre Kinder auf ihre Kosten kommen, finden Sie in den blauen Kästen.

Frankreich ist die Heimat unserer Autorin Audia Kéïta. In Paris geboren und aufgewachsen, lebt sie nun seit 15 Jahren in Hamburg. Nach ihrem Studium und mehrjähriger Tätigkeit im Marketing verschiedener Großunternehmen gibt sie jetzt freiberuflich ihre internationale Erfahrung und ihre Liebe zum Interkulturellen durch Französisch-Sprachtraining für Kinder und die Beratung von internationalen Unternehmen weiter. Sie verfasst außerdem Reiseführer über ihre Heimat und schreibt für Reisezeitschriften.

BRETAGNE FÜR ELTERN UND KINDER

Die Bretagne entdecken

Es gibt kaum ein Urlaubsziel, das so vielfältig ist und sich besser für einen Familienurlaub eignet als die Bretagne: feinsandige Strände, die zum Baden, Spielen und Sonnen einladen, steile Felsenküsten, in die Wind und Wellen bizarre Formen gemeißelt haben, ein mildes Klima, in welchem sogar Palmen gedeihen, das bäuerlich geprägte Hinterland mit seiner typischen Heidelandschaft sowie Kulturdenkmäler aus sechs Jahrtausenden und – nicht zu vergessen – kinderfreundliche Menschen, die selbstbewusst ihre eigene Sprache und Kultur pflegen. Die Bretagne vereint zwei ganz unterschiedliche Landstriche: den Küstenabschnitt „Armor" („Land am Meer") und das fruchtbare Hinterland „Argoat" („Waldland").

Kulissenwechsel

Ziel der meisten Bretagne-Urlauber ist Armor (oder „Armorica") mit seinen über 2.700 Kilometern Küstenlinie, die vom feinen Sandstrand bis zu 70 Meter hohen Klippen nahezu alle denkbaren Variationen aufweist. Für einen Badeurlaub mit kleineren Kindern bieten sich besonders die Strände und Inseln im Süden an, weil hier die breiteren (und längeren) Sandstrände dominieren, der Gezeitenwechsel weniger ausgeprägt und das Klima milder ist als an der Nord- und Westküste. Wer allerdings kilometerlange Sandstrände sucht, wird in der Bretagne – bis auf wenige Ausnahmen, zum Beispiel um La Baule im Süden (siehe S. 30) – nicht fündig werden. Besonders im Norden

Bretonische Fischerboote gehören zur Kulisse des Küstenabschnitts „Armor"

Fakten, Fakten, Fakten

Die Bretagne erstreckt sich über 27.208 Quadratkilometer und ist in vier Départements gegliedert. 3,2 Millionen Menschen leben hier, die meisten in Städten. Nach der neuen Gebietsreform (gilt ab 1. Januar 2016) zählt die Bretagne zu Frankreichs kleinsten Regionen, auch wenn sich an ihrer tatsächlichen Größe nichts geändert hat. Wichtigster Wirtschaftszweig ist der Dienstleistungsbereich (Tourismus), daneben Industrie, Fischfang und Landwirtschaft.

und Westen unterbrechen kleine und größere Felsengebirge den Verlauf des sandigen Küstensaums und teilen ihn in unzählige Buchten. Für Kontraste sorgen geschäftige Häfen, unzählige Badeorte und – die Gezeiten. Das Auf und Ab des Wassers verändert das Aussehen der Küstenlandschaft permanent und bestimmt den Lebensrhythmus von Mensch und Tier. Doch auch bei Ebbe lohnt ein Strandaufenthalt; spätestens beim ersten Spaziergang durchs Watt werden Sie feststellen, wie fesselnd ein Blick auf das Ökosystem ist, welches das zurückfließende Wasser freilegt. Sogar das Wetter trägt zum ständigen Kulissenwechsel bei. Nach ausgesprochen sonnigen Tagen können Sie auch Zeiten erleben, in denen das reinste Aprilwetter herrscht. Aber keine Angst: Richtiges Schmuddelwetter mit Dauerregen ist äußerst selten.

Entlang der Küste

Ganz gleich, für welches Urlaubsdomizil Sie sich in der Bretagne entscheiden, Sie sollten Ausflüge entlang der aufregenden armorikanischen Küste einplanen. Im Norden sind die Smaragdküste (Côte d'Émeraude, siehe S. 37), an der sich Steilküsten, Buchten und feinkörnige Strände abwechseln, und die Côte de Granit Rose (siehe S. 21, 22) mit ihren rosa schimmernden Felsen besonders sehenswert. Stark frequentiert oder unberührt und einsam, aber immer rau präsentiert sich die Westküste. Im Süden locken nicht nur breite Strände, sondern auch schöne Inseln, die weltgrößten Menhirfelder (siehe S. 64) und ein Besuch der Salinen, in denen heute noch dem Meer Salz abgerungen wird.

Land ohne Wald

Mindestens so abwechslungsreich wie die Küste ist auch das landwirtschaftlich geprägte Argoat. Charakteristisch für das hügelige Hinterland sind alledings nicht

„Wilder Westen" …

und „Ende der Welt" wird die Bretagne häufig genannt. Wer sich einmal an einer der Steilküsten im Westen den Wind um Nase und Ohren hat wehen lassen, weiß, woher erstere Bezeichnung rührt. „Finistère", der Name des westlichsten Départements, leitet sich vom lateinischen „finis terrae" ab, was „Ende der Welt" bedeutet, da die Römer tatsächlich glaubten, hier sei die Welt zu Ende!

mehr jene ausgedehnten Wälder, die der Region ihren Namen gaben, sondern die „bocage“, eine vor Jahrhunderten angelegte Busch- und Heckenlandschaft, die die Felder vor den Seewinden schützt. Unterbrochen wird die Heidelandschaft von verschlafenen Ortschaften aus blumenumrankten Granithäuschen, zahlreichen kleinen Flüssen und im Süden von einem der größten Moore Frankreichs, La Grande Brière. Trotz jahrtausendelanger intensiver Rodung sind noch einige Waldgebiete geblieben, die der Vorstellung von einem Zauber- oder Märchenwald nahekommen. Höhepunkt ist der Wald der Brocéliande, der angebliche Schauplatz der Artussage. Ein magischer Ort voller Geschichten von Rittern, Feen und Zauberern, den es auf Touren zu entdecken gilt. Das im 9. Jahrhundert von König Salomon bewohnte Schloss Comper gehört zu jedem Spaziergang. Wer zu einer Reise in die Vergangenheit startet, kann in der Bretagne sechs Jahrtausende alte Zeugnisse uralter Lebensweisen entdecken. So lange ist es her, dass die „Ur-Armorikaner“ konisch zulaufende Steine (Menhire) aufrecht in der Erde verankerten. Zahlreiche Eroberer und Epochen hinterließen im Lauf der Jahrhunderte weitere Spuren: windschiefe Fachwerkhäuser, trutzige Burgen, riesige Kirchen, halb zerfallene Bunker aus dem Zweiten Weltkrieg und viele weitere Bauwerke, die besichtigt werden können. Auch Geschichtsmuffel kommen auf ihre Kosten – sie können mondäne Seebäder und lebhafte Großstädte, alte und hochmoderne Leuchttürme, ausrangierte Schiffe, Aquarien, Naturschutzgebiete und Zoos besuchen.

„Asterix und Obelix“

Obwohl sie mit Sicherheit nie leibhaftig existiert haben, sind die beiden vor 57 Jahren erfundenen Comic-Helden wohl die bekanntesten „Bretonen“ der Welt. Ihre Abenteuer wurden global über 360 Millionen Mal verkauft. Mit dem Band „Asterix und die Normannen“ können Sie sich mit den beiden sympathischen Galliern auf einen Bretagne-Urlaub vorbereiten.

Im Wald der Brocéliande gibt es viele magische Orte zu entdecken

Gastfreundschaft und Tradition

Die sprichwörtliche Gastfreundschaft der Bretonen trägt entscheidend dazu bei, dass die Bretagne zu den beliebtesten Urlaubszielen Europas zählt. Besonders für Kinder haben die Bretonen ein großes Herz. Das zeigen die vielen Angebote für Kinder in den touristischen Zentren und der ungezwungene Umgang miteinander. Die Einheimischen haben aber nicht nur einen Sinn für Familie, sondern auch für Tradition und halten nicht nur die Erinnerung an ihre keltischen Wurzeln in ihrer Sprache und Musik lebendig, sondern auch ihren katholischen Glauben. Davon zeugen die „Pardons", jene großen Wallfahrten, die auch für Zaungäste ein unvergessliches Erlebnis sind, sowie die vielen „enclos paroissiaux" (siehe Kasten).

Enclos paroissial

bedeutet „umfriedeter Pfarrbezirk" und bezeichnet das mit einer Mauer eingefasste Grundstück um die Kirche eines Orts. In dieser Einfriedung liegen der Friedhof und ein „calvaire", bestehend aus einer oder mehreren steinernen Plastiken, die Szenen aus dem Leben Jesu darstellen. Weitere Bestandteile dieses Kirchenensembles sind ein „oussaire" (Beinhaus) und das Triumphtor, durch das man die heilige Stätte über eine hohe Stufe betritt – um böse Geister fernzuhalten. Diese kirchlichen Ensembles findet man nur im Nordwesten der Bretagne, dort dafür in (fast) jeder Ortschaft.

150 Jahre Tourismus

Die Bretagne weist 150 Jahre Erfahrung als Urlaubsregion auf. Waren es Ende des 19. Jahrhunderts vor allem gut betuchte Briten, die über den Ärmelkanal reisten, sind es heute vor allem französische, englische und deutsche Familien sowie Individualreisende, die an der Küste und im Hinterland Erholung suchen. Pauschalurlaub wird in der Bretagne so gut wie gar nicht angeboten, und das ist gut so, denn dies hat die Region im Großen und Ganzen vor Bettenburgen und sonstigen Erscheinungen des Massentourismus bewahrt. Natürlich gibt es viele Hotels, aber das Gros der Urlauber mietet sich ein Ferienhaus oder residiert auf einem der vielen Campingplätze, deren Spektrum von sehr einfach ausgestattet bis zum Luxusgelände mit Pool und Tennisplatz reicht. Auch sehr beliebt bei Familien ist der Urlaub auf dem Bauernhof (siehe Kapitel „Gut zu wissen" ab S. 100), bei dem Groß und Klein den besten Einblick in Alltag und Kultur der Bretonen bekommen.

Weltstadt am Wegesrand

Und weil kaum ein Weg in die Bretagne an Paris vorbeiführt, finden die Reisenden auf den folgenden Seiten neben neun Touren quer durch Armor und Argoat auch einen für Familien konzipierten Streifzug durch die Seine-Metropole (siehe S. 80). Für Urlauber, die in die Disney-Welt eintauchen möchten, gibt es außerdem eine Präsentation von Disneyland Paris (siehe S. 86).

Was Eltern wissen sollten

Gütesiegel für Familien

„Famille Plus“ heißt eines der Gütesiegel, die frankreichweit besonders familienorientierte Gemeinden auszeichnen. Es steht für persönlichen Empfang, altersgerechte Freizeitaktivitäten, familienfreundliche Unterkünfte und Restaurants sowie günstige Tarife für Kinder. Zehn bretonische Gemeinden tragen dieses Label: Binic, Carantec, Fouesnant-les-Glénan, Le Conquet, Pléneuf Val André, Plougonvelin, Quiberon, Roscoff, Saint-Pol-de-Léon und Saint-Quay-Portrieux. Kein Wunder, dass hier viele junge Familien Urlaub machen.
Das andere Gütesiegel ist „Sensation Bretagne“. Auch in diesem Netzwerk sind Gemeinden verzeichnet, die für Familien reizvoll sind. Unter anderem bieten sie Animation für Kinder, und die Strände sind bewacht. 21 Orte zählen zu diesem Netzwerk, darunter sieben der bereits genannten „Famille Plus“-Gemeinden (Sensation Bretagne, Tel. 02 97 53 67 64, info@sensation-bretagne.com, www.sensation-bretagne.com).

Paradies für Kinder

Aber nicht nur in den ausgezeichneten Ferienorten gilt die Devise „Glückliche Kinder machen zufriedene Eltern“. Es gibt daher in der Hochsaison kaum

Kinderfreundliche Paradiese: Dafür garantieren Gütesiegel wie „Famille Plus“

einen Badeort, der nicht über mindestens einen Kinderclub verfügt. Ein buntes Ferienprogramm für Kids von drei bis 14 Jahren bieten die Strandclubs, an vielen Stränden „Club Mickey" genannt. Sie sind dank Rutsche, Schaukeln und anderer Spielgeräte leicht auszumachen. Die Preise variieren je nach Anbieter und Ort. Daneben gibt es noch zwei bretagneweite Kinderclubs, die Aktivitäten rund ums Meer – von lustigen Wasserspielen bis zu Segelkursen – vormittags oder nachmittags anbieten: die „Jardins des Mers" für Kinder von drei bis acht Jahren und die „Clubs Moussaillons" für Kinder ab vier Jahren.

Medizinische Versorgung

Wenn Sie gesetzlich versichert sind, können Sie mit der Europäischen Krankenversicherungskarte (EHIC), die Sie auf der Rückseite Ihrer Gesundheitskarte finden, ärztliche Leistungen in Frankreich in Anspruch nehmen. Das ist oft auch bei privaten Kassen der Fall, prüfen sollten Sie es dennoch vorher. Die Kassen übernehmen jedoch nur jene Kosten, die auch den Einheimischen zustehen würden. Landesübliche Zuzahlungen und Eigenbeteiligungen, die oft höher ausfallen als in Deutschland, müssten Sie selbst zahlen – das kann beim Zahnarzt alle Kosten betreffen und schnell teuer werden. Wer mangels Alternative in einer Privatpraxis landet, muss die Differenz selbst tragen. Auch den teuren Rücktransport übernehmen weder die gesetzlichen noch viele private Kassen, daher lohnt sich der Abschluss einer zusätzlichen Auslandsreise-Krankenversicherung vor der Abreise. Wird die EHIC nicht akzeptiert, müssen Sie die Kosten zunächst ohnehin selbst begleichen. Lassen Sie sich immer eine genaue Rechnung ausstellen. Diese reichen Sie dann bei Ihrem Versicherer ein

Wandernde Wasser

Ebbe und Flut bestimmen das Strandleben in der Bretagne. Wichtigstes Utensil für einen Badeurlaub ist deshalb eine Gezeitentabelle („horaires des marées"), die Sie im Zeitschriftenhandel und im Office de Tourisme vor Ort und online erhalten. Wer sich bei Ebbe ins Watt aufmacht, muss sich bestens über die Gezeiten informieren, um nicht von der Flut überrascht zu werden – das kann lebensgefährlich sein! Längere Wattwanderungen sollten Sie daher nur in einer der fachkundig geführten Gruppen unternehmen, die Sie in fast jedem Ferienort finden. Für den gezeitenunabhängigen Badespaß gibt es an manchen Stränden ein Flutbecken, in dem bei Ebbe genug Wasser für eine kurze Erfrischung zurückbleibt.

Luft- und Wasserqualität

So hinderlich er auch manchmal ist, einen Vorteil hat der Gezeitenwechsel ohne Frage: Der enorme Wasseraustausch sorgt für hohe Wasserqualität. Diese wird regelmäßig an allen Küstenabschnitten von der Gesundheitsbehörde kontrolliert, die Ergebnisse sind an den Stränden und in den Rathäusern ausgehängt. Trotz des Unglücks von 1999, bei dem der Öltanker Erika 70 Kilometer vor der bretonischen Südküste brach und mehr als die Hälfte der geladenen 30.000 Tonnen Schweröl auslief, wurde die Wasserqualität an den betroffenen Stränden schon 2001 wieder als

Weht die rote Flagge am Strand, ist das Baden verboten

durchschnittlich bis hoch bewertet. Das ist noch heute so. Von den 541 bretonischen Stränden, deren Wasserqualität 2010 vom Gesundheitsministerium gemessen wurde, wurden 62 Prozent eine „gute Qualität“ und 35 Prozent eine „durchschnittliche Qualität“ bescheinigt. Wie sauber das Wasser an welchem Strand ist, können Sie vorab im Internet checken, und zwar auf http://baignades.sante.gouv.fr. Die Strände sind sehr sauber, da sie regelmäßig gereinigt werden. Hunde sind im Sommer an den hoch frequentierten Strandabschnitten nicht erlaubt. Regelmäßig kontrolliert wird auch die Reinheit des Leitungswassers, das etwa die gleiche Qualität wie das deutsche Trinkwasser hat. Auch tief Luft holen ist in der Bretagne empfehlenswert. Die Seeluft ist nicht nur sehr sauber, sondern aufgrund ihres Jodgehalts Balsam für die Atmungsorgane.

Sicher schwimmen

In der Hauptsaison werden vor allem die Strände der touristischen Ballungszentren überwacht. Über die Aufsicht an kleineren Badeoasen informiert das Office de Tourisme. Hier erfahren Sie auch, an welchen Küstenabschnitten der Schwimmspaß aufgrund gefährlicher Strömungsverhältnisse verboten ist. Wenn am Strand die rote Fahne weht, bedeutet das „Baden verboten“! Grüne Flaggen dagegen zeigen an, dass Sie sich unbesorgt im Meer tummeln können, gelbe mahnen zur Vorsicht: Baden ist zwar noch erlaubt, aufgrund stärkerer Brandung vor allem aber für Nichtschwimmer und kleine Kinder nicht ganz ungefährlich.

Sonne und Wind

Auch wenn der Himmel bewölkt ist, sollten Sie immer für ausreichend Sonnenschutz sorgen. Die UV-Strahlung wird weder vom Winde verweht noch von einer Wolkendecke abgeschirmt, daher ist das Eincremen empfindlicher Kinderhaut unerlässlich, sogar im Schatten. Eine Sonnenbrille und eine Kopfbedeckung gehören auch für die Kleinsten mit ins Reisegepäck. Und weil man in der Bretagne nie genau weiß, wie das Wetter sein wird, ist ein wärmender Baumwollpulli ein guter Begleiter – auch am Strand. Allgegenwärtig ist der Wind. Weil er manchmal richtig aufdrehen kann, leistet eine Mütze empfindlichen (Kinder-)Ohren gute Dienste.

Essen & Trinken

Auch in der Bretagne gelten jene legendären Qualitätsstandards, denen die französische Küche ihren guten Ruf verdankt. Zutaten und Zubereitung der Speisen unterscheiden sich jedoch beträchtlich von der im restlichen Frankreich praktizierten Kochkunst. Trotz des Siegeszugs, den bretonische Hummer und Austern in den Feinschmeckerlokalen der ganzen Welt angetreten haben, wird in der Bretagne vor allem bodenständig-deftig gekocht.
Häufiger als Fisch und anderes Meeresgetier kommen herzhafte Eintöpfe oder saftiger Braten und pikante Würste vom Schwein, Rind oder Lamm auf den (traditionellen) Mittags- oder Abendbrottisch.

Berühmte Pfannkuchen

Die bekanntesten Vertreter der bretonischen Küche sind Galettes, herzhaft gefüllte Buchweizenpfannkuchen, und ihre süße Variante aus hellem Weizenmehl, die Crêpes. Früher zählten Galettes aufgrund des gehaltvollen Buchweizenmehls zu den Grundnahrungsmitteln. Ihre süßen Schwestern hielten erst Einzug in bretonische Küchen, als helles Weizenmehl auch für die bäuerliche Bevölkerung erschwinglich wurde. Crêperien, die jene süßen und herzhaften Pfannkuchen in allen erdenklichen Variationen anbieten, gibt es überall in dieser Region. Was in Deutschland die Würstchenbuden sind, das sind in der Bretagne die Crêpes-Stände.

Ein Klassiker der bretonischen Küche: Buchweizen-Galette mit Ei und Schinken

Frisch wie das Meer schmecken die „Creuses" aus der bretonischen Austernzucht

Besonders gute erkennen Sie an dem Zusatz „Crêperies gourmandes", dem ersten offiziellen Gütezeichen für bretonische Crêperien. Wer sich damit schmücken darf, arbeitet erstklassig und setzt vorrangig lokale Produkte ein. Diese Häuser werden regelmäßig von einem unerkannt bleibenden Kritiker besucht.

Fisch oder Fleisch?

Rarer machen sich andere bretonische Spezialitäten auf den Karten der Restaurants. Beste Beispiele: „kig ha farz", ein Eintopfgericht mit fast allem, was der bretonische Boden hergibt, oder die diversen Wurstvariationen, die warm mit Kartoffeln oder kalt als Brotbelag gegessen werden. Häufiger wird Lamm- oder, vor allem im Süden, Entenbraten angeboten. Derartige Delikatessen sollten Sie sich nicht entgehen lassen.
In Hülle und Fülle sind Fisch und Meeresfrüchte auf den Menükarten der Restaurants vertreten. Wer frischen Austern, Muscheln, Schnecken, Seespinnen oder Hummer nicht viel abgewinnen kann, darf sich durch die Fischvielfalt schlemmen: Wolfsbarsch, Lachsschnitzel, Kabeljau, in einer Salzkruste gebackene Doraden oder gegrillte Sardinen und viele andere Arten kommen überall in der Bretagne fangfrisch auf den Tisch.

Vorspeise und Nachtisch

Unverzichtbare Beilage aller Mahlzeiten ist frisches Weißbrot, das mit gesalzener Butter bestrichen wird. Das Baguette ist im Preis inbegriffen. Zu Fisch- und Fleischgerichten werden meist Kartoffeln oder anderes Gemüse serviert. Die berühmteste und für viele auch leckerste Ackerfrucht der Bretagne ist jedoch die kleine, lila Artischocke („Prince de Bretagne"), die als Vorspeise gegessen wird. Diverse Suppen oder Muscheln sind weitere beliebte „entrées".

Vom Einfluss der leichten französischen Küche ist auch bei den bretonischen Nachspeisen wenig zu schmecken. „Far breton“, „gâteau breton“ und „kouign amann“ sind Kuchenspezialitäten, die nach einem opulenten Mahl nur noch mit Mühe zu verdrücken sind. Weil man sie auch in praktisch jeder Bäckerei erstehen kann, können Sie stattdessen – vorausgesetzt, es ist Frühsommer – getrost zu den köstlichen Erdbeeren greifen, die auf der Halbinsel Plougastel in großen Plantagen reifen.

Flüssige Kost

Mit der gleichen Leidenschaft, mit der die Bretonen Crêpes und Galettes essen, trinken sie auch den Cidre (siehe auch „Einkaufen und Mitbringsel“, S. 111). Der Apfelmost wird traditionell in einer „bol“, einer Tonschale, gereicht und schmeckt tatsächlich am besten zu süßen oder salzigen Pfannkuchen.

Gaumenfreuden auf Bestellung

Immer mehr Restaurants lassen an bestimmten Tagen ihre Gäste typisch bretonische Spezialitäten kosten. In der Hochsaison wird oft einmal wöchentlich ein „kig ha farz“ oder ein anderer Klassiker der Hausmannskost zubereitet. Wann was auf den Tisch kommt, ist in der Regel am Ende der Speisekarte vermerkt. Um sich eine Portion zu sichern, ist eine Reservierung (ein Tag vorher genügt) anzuraten.

Obwohl der Alkoholgehalt gering ist (2,5 bis 4,5 Prozent), sollten Kinder die ungegorene Variante, den „jus de pommes“ (Apfelsaft), in ihre „bols“ bekommen oder auf die klassischen Erfrischungsgetränke ausweichen. Zu einem guten Essen werden Wasser und Wein getrunken. Die Weinkarten sind lang, und wer sich nicht gut damit auskennt, lässt sich den zum Gericht passenden Tropfen vom Kellner empfehlen. Preiswerter als eine ganze Flasche ist offener Wein.
In guten Restaurants ist die kostenlose Karaffe Wasser zum Wein obligatorisch. Bier wird seltener in Restaurants und eher in Bars getrunken. Obwohl es auch in der Bretagne kleine Brauereien gibt, dominieren ausländische Marken. Gut zu wissen: Wer ein Halbes („un demi“) bestellt, darf nur 0,25 Liter des Gerstensafts erwarten; die gleiche Menge kostet frisch gezapft weniger als in der Flasche.

Wann gibt es was?

Auch wenn immer mehr Hotels ihre Gäste mit einem Frühstücksbuffet verwöhnen, besteht das klassische Morgenmahl („petit déjeuner“) einfach aus einer großen Schale Milchkaffee, in den genüsslich ein Croissant gestippt wird. Nach diesem eher spartanischen Einstieg in den Tag fällt das Mittagessen („déjeuner“) umso reichhaltiger aus. Zwischen 12 und 14.30 Uhr servieren Restaurants, Crêperien und Brasserien nicht nur das gesamte Speisenangebot der Abendkarte, sondern oft ein preiswerteres Mittagsmenü. Wer die Tischzeit verpasst, kann Pech haben – durchgängig warme Küche ist in Frankreich unüblich. Viele Speiselokale schließen um 15 Uhr und öffnen erst wieder zum Abendessen („dîner“) ab

Kleiner Restaurant-Knigge

Nachdem Sie das Restaurant betreten haben, suchen Sie sich Ihren Platz nicht selbst, sondern bekommen von der Bedienung einen Tisch zugewiesen, den Sie selbstverständlich ablehnen können. Franzosen essen üblicherweise drei Gänge. Ein Menü mit Vorspeise, Hauptspeise und Dessert kostet mittags zwischen 12 und 20 Euro, am günstigsten ist das „Menu du Jour", das Tagesmenü. Auch wenn Sie mit Freunden speisen – die Rechnung wird in der Regel von einer Person beglichen und erst nach Verlassen des Restaurants auseinanderdividiert. Ein Trinkgeld (siehe S. 108) zu geben ist üblich, auch wenn auf der Rechnung der Vermerk „service compris" erscheint. Die Bedienung wird mit „Monsieur" oder „Madame" angesprochen.

19 Uhr. In Touristenorten, vor allem in der Hochsaison, können Sie aber Glück haben und müssen nicht hungern. Die opulenteste Mahlzeit des Tages besteht aus mindestens drei Gängen: Vorspeise („entrée" oder „hors-d'oeuvre"), Hauptspeise („plat principal" oder „plat du jour") und Nachtisch („dessert").

Wo gibt es was?

Restaurants bieten das abwechslungsreichste Repertoire und neben Spezialitäten wie Hummer oder Austern unter Umständen auch bretonische Küche. Sie sollten ausreichend Zeit mitbringen, denn eineinhalb Stunden dauert der Verzehr eines Menüs mindestens. Ob Sie eines der vorgeschlagenen Menüs wählen oder – etwas teurer – die Speisenfolge à la carte zusammenstellen, bleibt Ihnen überlassen. Für Kinder gibt es in den meisten Restaurants spezielle „menus enfant", die aus einem Hauptgericht (Fisch oder Fleisch mit Gemüse oder Pommes) und einem Nachtisch bestehen. Für die kleinsten Gäste werden Kinderstühle bereitgehalten. Ungezwungener als im Restaurant geht es in Crêperien und Brasserien zu. Die ehemaligen Brauhäuser schenken auch heute noch Bier und andere alkoholische Getränke aus. In der Mittagszeit gibt es zusätzlich eine kleine Auswahl an warmen Gerichten. „Bar" meint in Frankreich keinen Nachtclub, sondern eine Mischung aus deutschem Café und Kneipe. Hier gibt es kleine Snacks, Sandwiches, Gebäck und leckeren „café au lait". Ähnliches bieten Lokale an, die sich Bistrot oder Café nennen. Wenn Sie richtig gemütlich Kaffee trinken und Kuchen essen möchten, müssen Sie einen „salon de thé" aufsuchen.

Selbst ist der Urlauber

Selbstversorger können auf den zahlreichen Märkten aus dem überbordenden Lebensmittelangebot schöpfen. Wenn ausnahmsweise mal kein Markt in Ihrem Ferienort stattfinden sollte: Supermärkte mit einem umfassenden Angebot gibt es überall. Zu den Adressen für alle, die vom kargen bretonischen Frühstück nicht satt werden, gehören die Bäckereien („boulangeries"), in denen es neben Brot auch Gebäck und Kuchen gibt.

KINDERFREUNDLICHE STRÄNDE

Saint-Malo

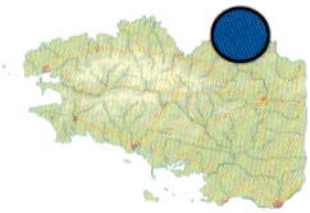

Während man anderswo den Strand über eine schmucke Promenade und über einen kleinen Deich erreicht, spaziert man in Saint-Malo durch eines der historischen Stadttore zum Schwimmen. Das setzt allerdings einen zehn- bis 15-minütigen Fußmarsch von den großen Parkplätzen vor der Innenstadt („Ville-Close“) voraus, vor allem wenn Sie zum hübschen Hauptstrand, dem **Plage de Bon Secours**, möchten.
Diesen erreichen Sie über die Porte Saint-Pierre, Porte des Bés oder Porte des Champs-Vauverts über einige Stufen. Hier finden große und kleine Strandfans alle Einrichtungen, die einen Badeaufenthalt schöner machen, von einer Imbissbude bis hin zu Clubs für Kids von drei bis zehn Jahren. Bei höchstem Wasserstand wird es allerdings eng, denn dann verschwindet der Strand fast vollständig unter den Fluten.

Reif für die Insel?

*Die beiden Inseln vor der Küste Saint-Malos, die **Île du Grand Bé** mit dem Grab des Dichters François-René de Chateaubriand und die **Île du Petit Bé,** auf der das Fort National besichtigt werden kann, sind bei Ebbe in 15- bis 30-minütigen Wattspaziergängen zu erreichen. Vorsicht: Bei steigender Flut sind diese Wattwanderungen verboten. Falls die Flut Sie auf einer der Inseln überrascht, müssen Sie die sechs Stunden bis zur nächsten Ebbe dort bleiben. Versuchen Sie niemals, vorher zurückzulaufen, das wäre lebensgefährlich! Fort National: Tel. 06 72 46 66 26, contact@fortnational.com, www.fortnational.com. Besichtigung Juni-Sep und an Feiertagen. Eintritt Erw. € 5, Kinder (6-16 J.) € 3.*

Gleich hinter den Stadtmauern Saint-Malos liegt der hübsche Hauptstrand

Ein Flutbecken sorgt jedoch dafür, dass Sie auch bei Ebbe noch baden gehen können, wenn Sie nicht einen Wattspaziergang zur Grand Bé oder Petit Bé vorziehen (siehe Kasten S. 18).
Für Familien mit kleineren Kindern oder für alle, die eine umfangreichere Strandausrüstung vom Auto zum Meer transportieren müssen, empfiehlt sich der **Plage de l'Eventail**, der ohne Stufen direkt vom Parkplatz aus erreichbar ist. Er wartet mit einer weiteren Besonderheit auf: Während anderswo meist Klippen und Felsen die bretonische Küste in mehrere kleine Sandbuchten unterteilen, kommen hier auch Strandläufer auf ihre Kosten: Vom Plage de l'Eventail bis zum **Plage de Rochebonne**, Saint-Malos feinster Badeadresse, können Sie fast drei Kilometer an der Wasserlinie entlangwandern oder -joggen.

Anfahrt: *über D201 oder D155 bis Saint-Malo, Beschilderung „Ville-Close" folgen bis zu den Parkplätzen unmittelbar vor der Stadtmauer.*

Sables d'Or les Pins

Ein Strand, der seinem Namen alle Ehre macht: Golden schimmert der Sand des gut zwei Kilometer langen Strandes. Rechts und links auf den Felsen, die die Badebucht begrenzen, trotzen Pinien und Kiefern dem Seewind. Sanddünen grenzen das Badeparadies zum belebten Boulevard de la Mer ab, an dem sich ausreichend Parkmöglichkeiten befinden. Zweifelsohne ist der **Sables d'Or les Pins** einer der schönsten Strände an der Nordküste und ein wahres Kinderparadies. Ganz sanft fällt der Strand zum Meer hin ab, kaum eine Muschel oder ein Steinchen sind zu finden, die in Kinderfüße pieken könnten. Alle notwendigen Einrichtungen –von Toiletten bis zur Touristeninformation – liegen in Strandnähe. Ein buntes Animationsprogramm sorgt bei Groß und Klein für Abwechslung. Wer dem Strandrummel entfliehen möchte, kann auf Spazierwegen mit Postkartenaussicht in ungefähr 20 Minuten zum **Cap d'Erquy** wandern und die dortigen, nicht minder schönen Strände besuchen. Der angrenzenden Ortschaft gleichen Namens fehlt jedoch das Flair der natürlich gewachsenen Badeorte.

Anfahrt: *an der D34 zwischen Cap d'Erquy und Cap Fréhel.*

Goldgelber Strand und tiefblaues Meer: Badeidylle am Cap d'Erquy

Erquy

Nicht nur einer, sondern gleich zehn Strände schmiegen sich an das Cap Erquy an der Smaragdküste, ein paar Kilometer von Sables d'Or les Pins entfernt. Den Aufenthalt an den von weißem Muschelsand bedeckten Stränden, zwischen denen sich mit Heide und Ginster bewachsene Felsen emporstrecken, schätzten schon Cäsars Truppen, die hier einen Kriegshafen unterhielten. Der Hauptstrand **Plage du Centre** ist landschaftlich nicht so reizvoll wie seine Nachbarstrände, bei Kindern aber sicher hoch im Kurs. Der flache Einstieg ins Meer bietet ihnen enorm viel Raum zum Planschen und Spielen, zum Bauen von Burgen und Dämmen sowie zum Fußfischen bei Ebbe, dem „pêche à pied" (siehe Kasten), mit Aussicht auf leichte Beute. Für einen Familienbadetag am Plage du Centre sprechen auch die Parkmöglichkeiten (jedoch nicht für Wohnmobile) direkt an der Promenade und die sanitären Einrichtungen. Zweite Empfehlung für Familien ist der **Plage de Caroual**. Zwei Kilometer feiner Sand laden zum Buddeln, ein Kinderclub zum Mitmachen ein. Während der Nachwuchs

„Pêche à pied"

heißt „Fischen zu Fuß" und ist ein beliebter Freizeitspaß junger und alter Bretonen. Wenn sich das Meer bei Ebbe zurückzieht, werden die im Watt liegen gebliebenen Muscheln, Schnecken, Krebse und Krabben mithilfe von Rechen oder Netzen gesammelt. Jeder Fußfischer darf sich so sein Abendbrot zusammenklauben. Die gesammelte „Beute" darf allerdings nicht größer sein als die Portion, die er (und seine Familie) verzehren kann.

Kleine Paradiese an der Smaragdküste: zehn Strände finden sich am Cap Erquy

mit Gleichaltrigen durch Wellen und Dünen tobt, haben Eltern Gelegenheit zum Entspannen, denn trotz (oder wegen) der Kinderanimation herrscht hier weniger Rummel als am Hauptstrand. Auch am Plage de Caroual gibt es Parkmöglichkeiten in Strandnähe (hier auch für Wohnmobile) und eine im Juli und August aktive Strandwacht.

Bizarre Felsen

Wer Strandsegler und Drachenflieger beobachten möchte, wählt den **Plage de Saint-Pabu**, der an den Plage de Caroual anschließt. Hier ist der Weg ins Wasser mit Steinen gepflastert, für sensible Füße empfehlen sich Badeschuhe. Der landschaftlich schönste Strand um Erquy ist der westlichste, der **Plage de Saint-Michel**. Stellen Sie Ihren Wagen am Parkplatz hundert Meter oberhalb des Strandes ab, bevor Sie Ihr Handtuch in einer Dünenlandschaft ausbreiten. Für größere Kinder ein besonderes Erlebnis ist der ungefähr halbstündige Spaziergang zu der vorgelagerten **Îlot Saint-Michel**, bei dem sich Muscheln und Steine sammeln lassen. Werfen Sie unbedingt vorher einen Blick auf die Gezeitentabelle.

Anfahrt: *nach Erquy über D34 und D786.*

Perros-Guirec und Trégastel

Kleine, aber feine Strände, umzingelt von bizarren, rosa schimmernden Felsbrocken – da kommt man vor lauter Gucken, Staunen und Fotografieren kaum zum Baden. Das wäre jedoch wirklich schade, denn das Wasser leuchtet in erfrischendem Hellblau. Für Familien gibt es einen weiteren Grund, Perros-Guirec einen Besuch abzustatten: Das betriebsame Seebad gehört zu den Orten Frankreichs, die sich mit dem Label „Sensation Bretagne“ (siehe S. 10) schmücken dürfen. Der **Plage de Trestraou**, der Hauptstrand von Perros-Guirec, punktet darüber hinaus mit Sanitäreinrichtungen und einem breiten gastronomischen Angebot. Nur die Parkplätze in Strandnähe werden in der Saison schnell knapp, deshalb am besten früh kommen.

„Fisch-Grotten“

Wenn Ihnen der Sinn nach Abwechslung vom Strand steht, lockt das Aquarium direkt am Plage du Coz-Pors. Es ist stilecht in Grotten untergebracht, über denen die Statue des „Ewigen Vaters“ wacht. ***Aquarium Marin de Trégastel****: Boulevard du Coz-Pors, 22730 Trégastel, Tel. 02 96 23 48 58, contact@aquarium-tregastel.com, www.aquarium-tregastel.com. Juli/Aug 10-19.30 Uhr. Erw. € 8,10, Kinder (4-18 J.) € 5,65, Familien (2 Erw., 2 Kinder/1 Erw., 3 Kinder) € 22,70. Mehr Informationen inkl. Öffnungszeiten in der Nebensaison im Internet*

Buntes Badevergnügen am feinsandigen Hauptstrand von Perros-Guirec

Dann bleibt neben dem ausgiebigen Badevergnügen auch noch Zeit für die obligatorische Wanderung auf dem Zöllnerpfad (siehe Tour 3, S. 43). Dieser Pfad endet am **Plage de Saint-Guirec**, einer weiteren idealen, auch im Juli und August überwachten Badebucht für Kinder. Der Strand ist zwar nur 400 Meter lang, dank der weit ins Meer reichenden Felsen aber so gut geschützt, dass hier die Wellen auch bei heftiger Brandung sanft an den Strand gleiten.

Das etwa acht Kilometer entfernte Trégastel ist ebenfalls reich an Naturschätzen. Dazu zählen die rosa Felsen und weißen Sandstrände. Doch nicht alle eignen sich gleichermaßen zum Baden. Hier die Favoriten: An erster Stelle steht der **Plage du Coz-Pors**, weil Infrastruktur, geschützte Lage und die flache Küstenlinie ideal für kleine Badegäste sind. Und auch für Erwachsene, denn die Côte de Granit Rose, wie der Abschnitt mit den rosa gefärbten Granitfelsen heißt, ist wirklich schön. Wer es etwas ruhiger und ungeschützter mag, ist am **Plage de la Grève Blanche** an der richtigen Badeadresse. Auch hier gibt es Toiletten, Bars und beeindruckende Granitfelsen, etwa die „Krone des Königs Gradlon". Bei Ebbe ist ein 30-minütiger Spaziergang zur vorgelagerten Île aux Lapins möglich. Am **Plage de la Grève Rose** erlangt die Sinfonie in Rosa ihren Höhepunkt: Sogar der Sandstreifen, der bei Flut noch zu sehen ist, schimmert in hellem Rot. Auf Strandeinrichtungen müssen Sie hier allerdings verzichten und Ihren Nachwuchs selbst beaufsichtigen.

***Anfahrt Plage de Trestraou**: über D6 oder D788 bis Perros-Guirec.*
***Plage de Saint-Guirec**: D788 bis Rue Saint-Guirec.*
***Plage du Coz-Pors, Plage de la Grève Blanche, Plage de la Grève Rose**: über D788 bis Trégastel.*

Brignogan-Plage

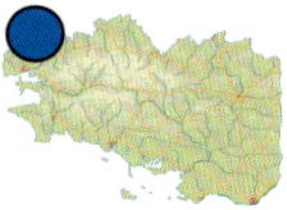

Das Finistère („Ende der Welt") macht bei **Brignogan-Plage** seinem Namen alle Ehre. Wer ursprüngliche Strände sucht, die nicht von einer Strandpromenade, sondern von Dünen gesäumt werden, ist hier an der richtigen Adresse. Brignogan-Plage, vom Tourismus noch weitgehend verschont, liegt auf einer Landzunge, an deren vorgelagerten Felsen sich die Wellen brechen. Bei Flut bleibt von vielen Stränden nur ein verhältnismäßig kleiner Sandstreifen, was aber nicht tragisch ist, da die Urlauber es sich zum Spielen, Sonnen und Picknicken auch in den Dünen gemütlich machen können. Und das Beste: Nicht alle Strände werden bei Flut völlig überspült oder von einer starken Brandung umtost. Der **Plage des Crapauds** und der **Plage du Petit Nice** sind auch für planschende Kinder geeignet. Ersterer ist der örtliche Hauptstrand und am stärksten frequentiert. Dafür glänzt er mit Strandwacht im Juli und August, Kinderclub, Toiletten und strandnahen Parkplätzen. Der Plage du Petit Nice liegt gleich nebenan. Dank der geschützten Lage in der Bucht und des flachen Einstiegs ist er fast noch kinderfreundlicher als sein Nachbar. Um das leibliche Wohl brauchen Sie sich übrigens nicht zu sorgen. Crêperien und Läden gibt es auch am Ende der Welt.

Anfahrt: *D10, dann abzweigen in D770 mit Beschilderung „Brignogan-Plage". Im Ort der Ausschilderung „Les Plages" nach links folgen.*

Vogelschau

Nach dem Baden sollten Sie auf keinen Fall einen Spaziergang an einem der etwas wilderen Strände, wie etwa dem Plage du Phare versäumen. Hier gibt es nicht nur grandiose Sonnenuntergänge und schäumende Gischt zu bestaunen. Flaneure können Seevögel beobachten, die solo oder in Schwärmen ihre Flugkünste vorführen oder geduldig auf kleinen Felsen kauern.

Brignogan-Plage: ursprüngliche Strände ohne Promenade

Baie de Douarnenez

Tréboul ist das Strandbad von Douarnenez, der Stadt der Fischindustrie (siehe Tour 5, S. 52). In dem renommierten Seebad ist von Fischfang jedoch nichts zu merken, hier dreht sich alles um das Leben an den Stränden. Bis man zu diesen gelangt, muss man zunächst eine kleine Berg- und Talfahrt durch den lang gestreckten Ort bewältigen, in dem sich ehemalige Fischerhäuschen mit mondänen Hotelbauten abwechseln.
Wer früh am **Plage des Sables Blancs** und am **Plage Saint-Jean** ankommt, wird belohnt mit einem Plätzchen im feinkörnigen Sand, einem Panoramablick auf kleine Inseln und vorüberziehende Schiffe sowie mit Strandeinrichtungen, die keine Wünsche offenlassen.
Der bewachte Strand selbst fällt zum Meer etwas steil ab, dann geht es jedoch umso flacher ins Wasser. Zum Plage Saint-Jean führt ein aussichtsreicher Zöllnerpfad, den Sie auch mit Kinderwagen in 20 Minuten bewältigen können.
Ganz anders dagegen das Badeleben im etwas nördlicher gelegenen, winzigen Wallfahrtsdorf **Sainte-Anne-la-Palud**. Die unspektakulären, flach ins Meer laufenden Strände hinter dem Dünenkamm werden fast nur von Campern der umliegenden Zeltplätze besucht.
Außer am letzten Sonntag im August: Dann findet um die einsam vor den Dünen stehende Kirche das Pardon zu Ehren der heiligen Anna statt. Die Wiesen, Dünen und die zahlreichen Campingplätze sowie die Kirche quellen dann bis zum darauffolgenden Dienstag über von Pilgern und Schaulustigen, die sich eine der größten Prozessionen des Départements nicht entgehen lassen möchten, auf der in zünftigen Trachten gesungen und gefeiert wird. Am nördlichen Strandabschnitt versorgt ein Restaurant hungrige Badegäste. Abgesehen von diesem Etablissement werden Sie an den Stränden zwar keine Infrastruktur, dafür aber viel Platz und feinen, weißen Sand finden. Von den Parkplätzen führen Stufen die Dünen hinunter zum Strand.

In Tréboul dreht sich alles um das schöne Leben am Strand

Anfahrt Tréboul: *D7 (über Douarnenez);* ***Sainte-Anne-la-Palud:*** *von Plonévez-Porzay über D61, Wegweisern „Les Plages" folgen.*

Côte du Cornouaille

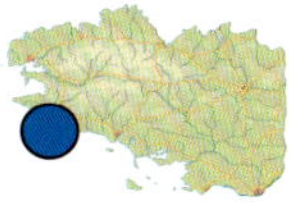

Gemütlich geht es zu an den Stränden zwischen Saint-Guénolé und Lesconil im Süden des Pays Bigouden. Das liegt vielleicht daran, dass die Haupteinnahmequellen hier nach wie vor Fischfang und Landwirtschaft sind und der Tourismus eher als Nebenerwerb betrieben wird. Während nördlich von Saint-Guénolé Wind und Brandung die Pointe de la Torche zu einem Surfer- und Funboarder-Paradies machen, liegt der **Plage de la Joie** im Süden des Ortes gut geschützt in einer kleinen Bucht.
Das bedeutet 500 Meter Kinderparadies mit flachem Einstieg, sanften Wellen und feinem Sand. Zehnmal so lang ist der **Plage du Ster** (oder Steir), dessen Sandzungen zwischen Kérity und Le Guilvinec mehr als fünf Kilometer weit

Am nördlichen Buchtende hält der Leuchtturm Phare d'Eckmühl Wacht

in den Atlantik reichen. Hier ist bei Hoch- und Niedrigwasser nahezu gleich viel Betrieb, denn der flache Küstensaum bietet bei Ebbe allen Anhängern des „pêche à pied" (siehe Kasten S. 20) einen reich gedeckten Tisch.

Fisherman's Pub

„Le Doris" ist für Pointe de Penmarc'h eine ebenso wichtige Institution wie der Leuchtturm. Während sich in der Bar Fischer und andere Seebären um die Theke drängen, werden im Obergeschoss fangfrische Fische, Langusten und anderes Meeresgetier aufgetischt.
***Le Doris**: 55, Quai de Général de Gaulle-Lieu-Dit Kerity, 29760 Penmarc'h, Tel. 02 98 58 60 92, www.ledoris.com. Tgl. 12-14 u. 19-22 Uhr.*

Fischversteigerung hautnah

Bei Flut wird es allerdings etwas eng auf dem zurückbleibenden, schmalen Sandstreifen, dann ist Zeit für einen Spaziergang zum **Phare d'Eckmühl**, dem Leuchtturm, der am nördlichen Ende über der Bucht thront, oder für einen Besuch von **Haliotika** in Le Guilvinec. In diesem Fischereimuseum mitten im größten französischen Hafen mit handwerklich betriebenem Fischfang machen außergewöhnliche interaktive Einrichtungen dem Besucher die Welt der Hochseefischerei begreiflich. Auf 800 Quadratmetern können Sie das Steuer eines virtuellen Schiffs übernehmen. Die Jüngeren bauen ein Boot und spielen damit Kapitän. Bei einer Führung lässt sich das bunte Treiben in den Hallen der Fischversteigerung („Criée") hautnah erleben: Versteigerung um 5.30, 11 und 16.30 Uhr (Haliotika – la Cité de la Pêche, Le Port, 29730 Le Guilvinec, Tel. 02 98 58 28 38. Mehr Informationen und Preise unter www.haliotika.com). Hinter **Lechiagat**, einem hübsch herausgeputzten Ort, erstreckt sich nochmals ein vier Kilometer langer Sandstreifen mit Dünenbegrenzung. Bei der Anfahrt lohnt ein Blick auf den malerischen Hafen, der sich entlang einer Flussmündung weit in den Ort hineinzieht.

Gewusst wie!

Nachwuchsfischer, die sich in die Materie des „Fußfischens" einführen lassen wollen, werden im Kurs ***Initiation à la pêche à pied*** *bestens bedient. In zwei Stunden lernen die Teilnehmer den richtigen Umgang mit Schaufel, Rechen und Eimern und erfahren, welche Tiere besondere Leckerbissen sind. Da die Kursleiter alles genau demonstrieren, ist es auch nicht tragisch, wenn man nicht besonders gut Französisch oder Englisch spricht. Infos: Office de Tourisme de Penmarc'h, Place du Maréchal Davout, 29760 Penmarc'h, Tel. 02 98 58 81 44, officetourisme@penmarch.fr, www.penmarch.fr. Gebühr (ab 8 J.) € 5 pro Person.*

Moderne Fischkutter im malerischen Hafen von Le Guilvinec

Der Strand selbst ist in unmittelbarer Ortsnähe noch etwas schmal und mit Algen bedeckt, gewinnt aber in Richtung Osten zusehends an Attraktivität.

Anfahrt Plage de la Joie: *D53 bis Saint-Guénolé, dort links auf die D80 und der Beschilderung folgen.*
Plage du Ster: *D785 bis Kérity, dort weiter auf der Straße Richtung Le Guilvinec, von der mehrere Stichstraßen zum Strand abzweigen.*
Lechiagat: *ab Le Guilvinec Beschilderung folgen.*
An allen Stränden gibt es gute Parkmöglichkeiten, wenige Stufen führen über die Dünen zum Strand.

Bénodet und Fouesnant

Ein völlig anderes Strandbild präsentiert die **Côte du Cornouaille** zwischen den kleinen Städten Bénodet und Fouesnant. An erster Stelle steht der **Plage du Trez** in Bénodet – wunderschön, aber immer voll. Trotzdem lohnt sich ein Badeabstecher in die geschützte Bucht, denn hier wird Strandkomfort allererster Güte geboten: eine Strandpromenade, die mit ihren alten, dicht belaubten Bäumen an eine Allee erinnert, eine von schroffen Felsen gerahmte Badebucht und ein Repertoire an gepflegten Strandeinrichtungen, das vom Spielkasino bis zur Snackbar reicht. Kinderclubs und eine aktive Strandwacht von Mitte Juni bis Mitte September gibt es selbstverständlich auch hier. Weil freie Parkplätze an der Strandpromenade rar sind, sollten Sie Ihren Wagen lieber im Ortszentrum am Office de Tourisme parken und die letzten 300 Meter zu Fuß zum Strand gehen, der Weg ist gut ausgeschildert.

Mousterlin, Beg Meil, Cap-Coz und die Inselgruppe Les Glénan – sie alle gehören zur Gemeinde Fouesnant, und diese wiederum sind mit den Labels „Famille Plus“ und „Sensation Bretagne“ (siehe S. 10) ausgezeichnet. Ein idealer Ort für Eltern und ihre Kinder. Strände gibt es auch drumherum genug: Von 17 Kilometer Küstenlinie sind 13 Kilometer mit Sand bedeckt.

Mehrere Kinderclubs kümmern sich um Urlauber im Alter von drei bis sieben Jahren und sorgen mit Spielplätzen und

Die Strandpromenade in Ville de Bénodet lädt zum Flanieren ein

Ob Segelkurs oder Strandrallye – in Bénodet gibt es viel Action für Kinder

einem bunten Animationsprogramm, das von der Strandrallye bis zum Segelkurs reicht, für abwechslungsreiche Ferientage. Die **Plage du Cap-Coz, Plage de Kerambigorn**, **Plage de Kerler** (Mousterlin) und **Plage de Maner Coat Clévarec** (Renouveau) werden außerdem im Sommer ständig überwacht.
Die schönste Schwimmoase und zudem ein Spiel- und Kletterparadies für größere Kinder ist der **Plage des Dunes** an der Beg Meil. Kantige Felsen teilen den Strand in verschieden große „Separees", in denen man es sich gemütlich machen kann, während der Nachwuchs die Felsbrocken erklimmt. Diese geben eine wunderbare Kulisse für Piraten- und andere Spiele ab. Wer sich mit Sonnenschirm, Strandmatte und kleineren Kindern an der Hand nicht auf eine kleine Klettertour über Stock und Stein bis zu seinem favorisierten Strandabschnitt einlassen möchte, wählt den Pfad auf den Klippen. Von dort führen immer wieder Treppen die pinien- und zypressenbestandene Steilküste hinunter, sodass die einzelnen Strandabschnitte auch bequem erreicht werden können. Wer hier baden geht, muss sich auch um sein Abendessen keine Sorgen machen: Entweder Sie sorgen selbst beim Pêche à pied (siehe S. 20) für gefüllte Teller oder Sie kaufen fangfrischen Fisch und Meeresfrüchte am Verkaufsstand am Strand. Wer seinen Strandbesuch mit etwas Geschichte abrunden möchte: Zwei große Menhire (siehe S. 64) stehen in der Gemeinde, einer auf dem Land und der andere auf dem Kap Pointe de Beg Meil. Sie stammen aus der Bronzezeit beziehungsweise dem Anfang der Eisenzeit. Auf den Glénan-Inseln wurden als weitere Spur einer alten Siedlung Särge gefunden.

Anfahrt Bénodet Plage du Trez: *D785, D34 oder D44; Parken am Office de Tourisme.*
Beg Meil (Plage des Dunes): *D45 bis Beg Meil, dort dem Schild „Plage des Dunes"/„Pointe de Beg Meil" folgen.*

Unterwasserwelt

Ein besonderes Erlebnis für kleine Meeresforscher ist ein Blick in die Tiefen des Meeres. Das ***Glasbodenboot*** *„Capitaine Némo" macht das möglich – bei einem Ausflug rund um die Insel Saint-Nicolas, ohne dabei nass zu werden. Vedettes de l'Odet, 2 Avenue de l'Odet, 29950 Bénodet. Tel. 02 98 57 00 58, contact@vedettes-odet.com, www.vedettes-odet.com. Eine Fahrt: Erw. € 48, Kinder (4-12 J.) € 25 bzw. (1-3 J.) € 7.*

Carnac und La Trinité-sur-Mer

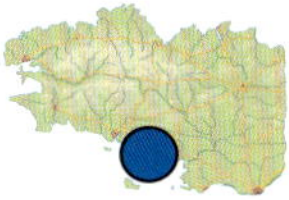

Man nehme einen sanft zum Meer abfallenden Strand, eine schmale Dünenreihe mit kleinem Kieferngürtel und schmucke weiße Ferienhäuschen gleich hinter der Strandpromenade, setze davor einen tiefblauen, leicht gekräuselten Atlantik und würze das Ganze mit dem mildesten Klima der Bretagne – fertig ist der ideale Familien-Urlaubsort.
Natürlich ist die Region kein Geheimtipp mehr, und dementsprechend turbulent geht es an den Stränden zwischen Carnac und La Trinité-sur-Mer auch zu. Trotzdem ist das Badeleben um Carnac unkompliziert geblieben und vor allem am **Grande Plage** fest in Kinderhand. Auf den zwei Strandkilometern gibt es gleich mehrere Spielplätze, Schaukeln, Trampolins, Kinderclubs und einen Sprungturm. Auch an die Eltern ist gedacht, sie dürfen sich vom Schwimmen und Sonnenbaden mit Gymnastik, Joggen und Entspannungsübungen erholen. Unmittelbar am Strand stehen Sanitäreinrichtungen und viele Parkplätze zur Verfügung. Auch Hungrige müssen nicht weit laufen, die Strandpromenade säumen zahlreiche Snackbars, Crêperien und Pizzerien.
Etwas ruhiger geht es am **Plage de Beaumer** und am **Plage du Men-Du** zu, die sich dem Grande Plage in Richtung **La Trinité-sur-Mer** anschließen. An diesen naturbelasseneren Stränden mischt sich etwas Kies unter die Sandkörner, und bei Ebbe werden Wattläufer und Pêche-à-pied-Anhänger (siehe S. 20) bestens bedient. Ein Tipp: Vom Plage de Beaumer kann man bei Ebbe in 20 Minuten zur **Île de Stuhan** spazieren.

Anfahrt: *D781 oder D186 bis Carnac-Plage bzw. La Trinité-sur-Mer.*

Sanfte Brandung am zwei Kilometer langen Grande Plage bei Carnac

La Baule und La Turballe

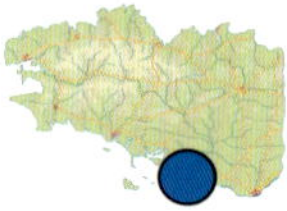

La Baule beansprucht für sich einen der schönsten Strände Europas. Der Einstieg ins tiefblaue Wasser ist kinderfreundlich flach, wenn auch der stets präsente Wind für eine gemäßigte Dünung sorgt. Zwar sind die schmucken Villen aus den Anfangstagen des Seebads von den klotzigen Appartementbauten im Stil der 60er- und 70er-Jahre längst verdrängt, doch wenn Sie nicht gerade im Juli und August kommen, lohnt ein Strandbesuch. Während Sie den Duft der weiten (und teuren) Welt genießen, der den neun Kilometer langen Strand umweht, haben Ihre Kinder jede Menge Spaß. An Attraktionen für Minis fehlt es genauso wenig wie an Zerstreuungsangeboten für Erwachsene – Spa, Golfplatz und Bridgeklub inklusive. Eine besondere Anziehungskraft auf die Kleinen übt die Bimmelbahn aus, die zu festen Zeiten neben der verkehrsreichen Strandpromenade entlangfährt. Wer vom schicken Strandleben pausieren möchte, fährt 15 Kilometer in westliche Richtung, nach **La Turballe**. In dem Familienbadeort geht es zwar auch quirlig, aber nicht mondän zu. Ihren Nachwuchs können Sie am **Plage des Bretons** und am **Plage la Croix de l'Anse** – beide sind vom 15. Juni bis zum 15. September überwacht und dünengesäumt – unbesorgt planschen lassen.

Anfahrt La Baule: *D774 oder N171. Parkplätze in unmittelbarer Strandnähe sind knapp.*
La Turballe: *D99 oder D33 (Strände ausgeschildert).*

Zum Planschen ideal: Der Strand im Familienbadeort La Baule

ZEHN TOUREN, DIE ALLEN SPASS MACHEN

Tour 1: Zu Austern, Felsen und Korsaren

Cancale • Rothéneuf • Saint-Malo

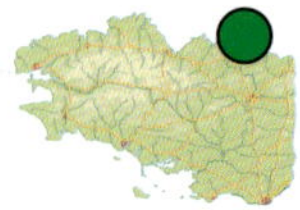

Wo: im Nordosten an der Küste – Wie: mit dem Auto und zu Fuß – Dauer: Tagesausflug – Nicht vergessen: feste Schuhe, eventuell Badesachen

Schon Cäsar, Ludwig XIV. und Napoleon zählten zu den Fans der berühmten Austern aus Cancale (siehe Kasten), und heute noch ist die Stadt allein wegen ihrer Krustentiere im wahrsten Sinn des Wortes in aller Munde. Ein Besuch der Austernbänke Cancales lohnt sich, weil man den „ostréiculteurs“, den Austernzüchtern, bei ihrer Arbeit über die Schulter gucken kann – allerdings nur bei Ebbe. Deshalb sollten Sie diese Tour an einem Tag unternehmen, an dem morgens Niedrigwasser herrscht, oder aber Sie drehen den Ablauf einfach um und beginnen den Ausflug in Saint-Malo.

Expedition ins Reich der Glibberwesen

Weil **Cancale** nicht nur Austern zu bieten hat, sondern auch sonst ein hübsches Städtchen ist, sollten Sie Ihren Wagen in der Stadtmitte bei der Kirche parken. Hier im Zentrum wirkt Cancale ziemlich provinziell, doch je weiter Sie durch die steilen Gassen hinunter zum Hafen schlendern, desto wuseliger wird es. Passen Sie auf, dass Sie Ihre Kinder im Gedränge nicht verlieren, und lassen Sie sich von der Menge nach vorne zur Mole treiben. In deren Mitte wacht ein Leuchtturm über das bunte Treiben, rechts davon liegt der Hafen und auf der linken Seite die Austernbänke. Setzen Sie

Von der Delikatesse zur Volksspeise

Früher waren Austern eine seltene Delikatesse, die einmal jährlich mit Netzen vom Meeresboden gefischt wurde. Erst in den 60er-Jahren fing man an, die Schalentiere wie Gemüse zu züchten. Der große Gezeitenunterschied in der Bucht von Cancale, der die Tiere mit genügend Nahrung versorgt und angelagerten Schlick immer wieder wegspült, sowie eine ganz besondere Planktonart schaffen einzigartige Zuchtbedingungen. Die insgesamt fast 1.100 Hektar Anbaufläche garantieren, dass bei Preisen von etwa fünf Euro pro Dutzend (ab Erzeuger) ***Cancaler Austern*** *heute auf jedermanns Teller landen können. Die Zubereitungsarten variieren, klassisch isst man die Schalentiere jedoch lebend: Erst unmittelbar vor dem Verzehr wird die Auster geöffnet und mit etwas Zitronensaft beträufelt, bevor dann die Schale an den Mund gesetzt und das Fleisch herausgeschlürft wird.*

sich mit Ihrem Nachwuchs auf eine Bank und sehen Sie den Austernzüchtern zu, wie sie mit Traktoren durch ihre „Felder" fahren, oder wagen Sie sich selbst ein Stückchen ins Watt. Dabei müssen Sie allerdings aufpassen, dass Sie niemanden bei seiner Arbeit an den Zuchtbänken behindern.

Austern auf die Hand

An der Hafenstraße reiht sich ein Lokal ans andere. Gut sind sie alle, wie die vielen Plaketten der Gourmettester verraten. Logisch, denn frischer als hier bekommt man Austern wohl nirgends. Wer zum Verzehr der Edel-Muscheln nicht unbedingt sitzen muss, kann sie an einem der Verkaufsstände an Ort und Stelle probieren. Auch wenn Sie Austern schätzen – Kinder wissen mit der salzig-wässrigen Delikatesse oft wenig anzufangen. Zum Glück findet sich hier auch die eine oder andere Crêperie.

Austern im Museum

Ebenso einzigartig wie die Cancaler Austern, aber weitaus weniger berühmt ist das **Ferme Marine** (Austernmuseum) [L'Aurore, 35260 Cancale, Tel. 02 99 89 69 99, www.ferme-marine.com. Mitte Feb-Ende Juni u. Mitte Sep-Ende Okt: Mo-Fr französischsprachige Führung um 15 Uhr, Juli-Mitte Sep tgl. um 16 Uhr deutschsprachige Führung. Erw. € 7, Kinder € 3,70, Familien (2 Erw., 2 Kinder) € 19]. Wer sich nicht vorstellen kann, wie das Thema „Auster" ein Museum füllt, wird überrascht sein. Denn die Zeitreise durch 350 Millionen Jahre Austerngeschichte ist spannend dargestellt. Das Austernmuseum liegt direkt an der D76, die etwas weiter nördlich in die D201 übergeht. Diese Straße bringt sie nach Saint-Malo, wenn Sie an der Felsenküste entlangfahren (Schildern folgen). Zwei Zwischenstopps sollten Sie auf dieser Strecke noch einplanen: den einen an

Malerisches Cancale: Die Hafenstadt ist nicht nur wegen ihrer Austern beliebt

der Pointe du Grouin, wo Sie von den 50 Meter hohen Felsen aus auf das blau-grüne Meer und die vielen Vögel am Kap blicken können, und den anderen in **Rothéneuf**.

Die Seeungeheuer des Pfarrers

In diesem kleinen Ort unweit der Stadtmauern Saint-Malos fungierte vor über hundert Jahren ein gewisser Adolphe Julien Fouéré, genannt Abbé Fouré, als Gemeindepfarrer. Er kümmerte sich nicht nur um das Seelenheil seiner Gemeindemitglieder, sondern auch um die Granitfelsen an der Küste, die er fast 30 Jahre lang mit Hammer und Meißel bearbeitete. Dabei herausgekommen sind die berühmten **Rochers Sculptés** [Chemin des Rochers Sculptés, Rothéneuf, 35400 Saint-Malo, Tel. 02 99 56 23 95. Tgl. Juni-Sep 9-19, Okt-Mai 10-12 u. 14-18 Uhr. Eintritt € 2,50 pro Person, Kinder unter 10 J. frei.], die Sie östlich des Ortskerns über die Rue Abbé Fouré erreichen (Schildern folgen). Durch einen Garten und über glitschige Stufen geht es zu den Felsen. Nehmen Sie kleine Kinder unbedingt an die Hand, und die ganze Familie sollte bei diesem Ausflug feste Schuhe tragen. Denn um das komplette Werk von Abbé Fouré betrachten zu können, muss man ganz nach unten gehen. Gruselig, was sich der Geistliche in seiner Freizeit so ausgedacht hat: Da geben sich Seeungeheuer und böse blickende Fratzen ein Stelldichein – kaum ein anderer Ort ist so gut geeignet für „Ich sehe was, was du nicht siehst!". Wer noch etwas auf das Meer und die Klippen schauen möchte, kann dies auf einer Steinbank tun, die ebenfalls von Abbé Fouré stammt und auf dessen Rückenlehne auch grimmige Figuren abgebildet sind.

Steingnom in Rothéneuf: eines der Werke des Abbé Fouré

Hochburg der Korsaren

Nun geht es in die ehemalige Hochburg der Korsaren, nach **Saint-Malo**. Starten Sie den Wagen für das kurze Wegstück auf der D201, um fast bis vor die Stadttore der „Ville-Close" (Innenstadt) zu rollen. Unmittelbar vor der Stadtmauer finden Sie Parkplätze, die allerdings für Wohnmobile gesperrt sind. Sobald Sie durch eines der Stadttore treten, empfängt Sie das Flair der alten Handels- und Korsarenstadt, auf deren einstigen Ruf die Malouins, wie deren

Korsaren und Flibustiers

Jeder kennt die schwarze Piratenflagge mit dem weißen Totenkopf, die, wann immer sie am Horizont auftauchte, eine Schiffsbesatzung in Angst und Schrecken versetzte. Die Piraten, die unter dieser Flagge die Weltmeere unsicher machten, wurden „Flibustiers“ (Freibeuter) genannt und kaperten auf eigene Rechnung. Daneben gab es aber auch Piraten, die im Auftrag ihrer Regierung umhersegelten und eine „Lizenz zum Töten“, den sogenannten „Kaperbrief“, vorweisen konnten. Diese Freibeuter wurden als „Korsaren“ bezeichnet, und zu ihren Aufgaben gehörte nicht nur das Entern fremder Schiffe, sondern auch der Geleitschutz für die eigenen Handelsschiffe. Besonders gefürchtet war die Korsarenflotte Saint-Malos, die ganz beträchtlich zu Ruhm und Reichtum der Stadt beitrug.

Bewohner heißen, heute noch stolz sind. Denn Saint-Malo war nicht nur die Wiege gefürchteter Korsaren und reicher Reeder, sondern auch die vieler Wissenschaftler, Abenteurer und Schriftsteller. Zu den berühmtesten Söhnen der Stadt zählen Jacques Cartier, ein Entdecker und Seefahrer, der unter anderem Kanada erkundete, und Schriftsteller **François-René de Chateaubriand**. Bevor Sie den obligatorischen Rundgang auf der Stadtmauer antreten, gönnen Sie sich vorher einen Bummel durch die Straßen zwischen den großen grauen Häusern. Kinder, die sich auf Stadtrundgängen langweilen, bekommen hier die Aufgabe, die drei furchterregendsten Piratenkonterfeis der Stadt ausfindig zu machen. Ein Tipp: in die Postkartenständer der Souvenirgeschäfte schauen!

Auf der Mauer

Um den Spaziergang auf den „remparts“, der vollständig erhaltenen Stadtmauer Saint-Malos, kommt kein Tourist herum. Der ungefähr 45-minütige Rundgang ist auch bequem mit einem Kinderwagen zu bewältigen. Den müssen Sie jedoch erst die Wendeltreppe an einem der Türme hinauftragen, die den Zugang zum Wall ermöglichen. Der Mauerbummel zeigt Ihnen Saint-Malo von allen Seiten: auf der einen hohe Wohnhäuser und das geschäftige Treiben in der Ville-Close,

Junge Altstadt

Obwohl Saint-Malo seit Jahrhunderten immer wieder angegriffen wurde, konnte die „granitene Zitadelle“ aufgrund ihrer gut bewachten Stadtmauern und ihrer Lage nie eingenommen werden. Bis zum Zweiten Weltkrieg, denn gegen Angriffe aus der Luft war selbst das bewährte Bollwerk machtlos. Innerhalb von 14 Tagen lag die gesamte Altstadt in Schutt und Asche. Doch dank akribischer Aufbauarbeit konnte das Saint-Malo des 18. Jahrhunderts wieder rekonstruiert werden.

auf der anderen der Hafen mit unzähligen Schiffen, die Strände und natürlich das Meer und die Mündung der Rance. Auch auf der Stadtmauer lässt sich einiges entdecken: von Schießscharten über Kanonen bis zu Statuen der bedeutendsten Malouins. Badewillige flanieren im Anschluss durch eines der Stadttore an den Strand (siehe Kapitel „Strände“, S. 18). Fans der Unterwasserwelt setzen sich ins Auto und statten dem **Grand Aquarium de Saint-Malo** [Ave. du Général Patton, 35400 Saint-Malo, Tel. 02 99 21 19 00, www.aquarium-st-malo.com. Juli/Aug 9.30-20 bzw. 21, April-Juni u. Sep 10-19, Okt-März 10-18 Uhr, Nov u. Jan teilweise geschlossen. Erw. € 16, Kinder (4-12 J.) € 12, Kleinkinder (unter 4 J.) kostenlos] einen Besuch ab, das außerhalb der Ville-Close liegt. Besondere Attraktion ist ein Wrack, das auch von innen inspiziert werden kann, und ein Becken, das die Bewohner der tropischen Gewässer zeigt.

Crêpes satt

Fans der bretonischen Omelettes dürfen sich in der ***Crêperie des Lutins „Au Malouin Gourmet“*** *auf eine Riesenauswahl an Crêpes und Galettes mit allen erdenklichen Füllungen freuen. Während Sie aufs Essen warten, haben Sie allerhand zu bestaunen: Die Wände sind mit einer Märchenlandschaft bemalt, in der sich Feen und Kobolde tummeln, und von der Decke baumeln freundliche Hexen. Sollte bei kleinen Gästen doch Langeweile aufkommen, liegen Bilderbücher, Buntstifte und Malpapier bereit. 7, Grand'Rue, 35400 Saint-Malo, Tel. 02 99 40 07 29. Ganzjährig tgl. 12-14.30 und 19-21 Uhr.*

Strandspaziergang in Saint Malo – der schönsten Hafenstadt der Nordbretagne

Tour 2: Entdeckungstrip an die Smaragdküste

Dinan • Dinard • Saint-Cast-le-Guildo • Cap Fréhel

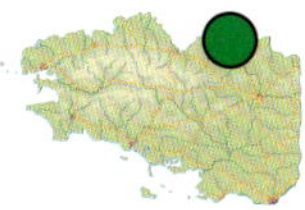

Wo: an der Smaragdküste – Wie: mit dem Auto und zu Fuß – Dauer: Tagestour – Nicht vergessen: Badesachen, Fernglas, Pullover

Der Start dieser Tour befindet sich ein Stück im Landesinneren, an der Rance. Hier liegt Dinan, eines der bretonischsten Städtchen überhaupt. „Bretonisch“, das meint in diesem Falle Fachwerk, so weit das Auge reicht. Zunächst ist davon noch nichts zu sehen, denn Ihr Auto sollten Sie außerhalb der Stadtmauern abstellen. Folgen Sie den Wegweisern „Château“, unterhalb des zum Schloss gehörigen Wehrturms gibt es Parkplätze.

Abstecher ins Mittelalter

Wie Saint-Malo (siehe S. 18 u. 34) hat auch **Dinan** eine erhaltene Stadtmauer, durch deren Tor die Besucher die mittelalterliche „City“ betreten. Die Stadtentdecker gehen an der Mauer entlang und stoßen auf den Place Duguesclin, auf dem jeden Donnerstag ein bunter Wochenmarkt stattfindet. Auf der rechten Seite des Marktplatzes erreichen Sie durch die Passage de la Tour den mittelalterlichen Stadtkern. Sie stehen nun in der Rue de l'Horloge und gleich neben Ihnen wächst der **Uhrturm** [Tour de l'Horloge, Rue de l'Horloge, 22100 Dinan, Tel. 02 96 87 02 26/02 96 87 58 72. Ostern u. Mai tgl. 14-18, Juni-Sep tgl. 10-18.30 Uhr. Erw. € 4, Kinder (8-18 J.) € 3, Kinder (unter 8 J.) frei.] in den Himmel. Auf der Aussichtsplattform im Glockengestühl des Turmes können Sie sich einen Überblick über das Gassen- und Häusergewirr verschaffen, bevor Sie die Fachwerkgiebel und die kleinen Läden aus der Nähe studieren. Wieder unten angekommen, ist ein Stadtrundgang an der Reihe. Schlendern Sie entlang der teils hölzernen, teils steinernen Hausfronten und werfen Sie einen Blick in die zahllosen Läden, die wie im Mittelalter ihre Ware auch unter den Arkaden der windschiefen Fachwerkhäuser anbieten.

Schlüssel der Schatztruhe

Die vielen Läden in der Innenstadt sind keineswegs eine Errungenschaft unserer konsumorientierten Zeit, sondern tatsächlich ein Relikt aus dem Mittelalter. Damals war d ie Stadt wegen ihres Binnenhafens ein bedeutender Handelsplatz, hier wurden hochwertige Lederwaren und Stoffe hergestellt. Herzogin Anne de Bretagne bezeichnete das reiche Dinan einst als „Schlüssel meiner Schatztruhe“ und stiftete aus Dankbarkeit die Glocke für den Uhrturm.

Fleißige Handwerker

Den Wegweisern „Port" folgend gelangt man über die schönste Straße Dinans, die Rue du Jerzual, zum Fluss. Wie einst leben und arbeiten hier die (Kunst-) Handwerker der Stadt. Gönnen Sie sich am Hafen einen Kaffee oder ein Eis, und genießen Sie den Blick auf die Rance mit der kleinen Brücke und den schmucken Segeljachten, bevor Sie den Rückweg zum Parkplatz antreten. Und nun geht es endlich an die Küste! Die N176 und die D766 beziehungsweise 266 bringen Sie in einer guten halben Stunde nach Dinard. Kurz vorm Ortseingang treffen Sie wieder auf die Rance, die hier in den Ärmelkanal fließt und mithilfe von Ebbe und Flut das weltweit erste Gezeitenkraftwerk betreibt (siehe Kasten). Wer technisch interessiert ist oder einfach nur die gewaltigen Wassermassen durch die Turbinen rauschen sehen möchte, sollte hier eine Besichtigungspause einlegen.

Mondänes Badeleben

Dinard gehört zu den Seebädern der ersten Stunde, die ihren Stil bewahrt haben. Anfang des 19. Jahrhunderts erklärte die englische Industriellenfamilie Faber Dinard zu ihrer Sommerresidenz. Unaufhaltsam begann der Aufstieg des Fischerdorfs zur allerersten Urlaubsadresse der oberen Zehntausend, die in erster Linie aus England anreisten. Auch heute weht ein Hauch der Belle Époque durch den Ort, und neben Französisch ist Englisch die meistgesprochene Sprache an dem

Mondänes Badeleben in Dinard: Im Seebad weht ein Hauch von Belle Époque

Gezeitenpower

18.000 Kubikmeter Wasser pro Sekunde befördert die Rance in ihrem Unterlauf, 13,5 Meter beträgt der Tidenhub (das ist die Differenz zwischen dem jeweils höchsten und niedrigsten Wasserstand bei Ebbe und bei Flut). Diese Wassermassen betreiben in der „Usine Marémotrice" (Gezeitenkraftwerk) 24 Turbinen, die bis zu 240 Megawatt Strom erzeugen. Die Besichtigung ist hoch interessant. Lohnenswert ist ein Blick von der Außenplattform. Eintritt frei.

***Usine Marémotrice de la Rance**: 35780 La Richardais, Tel. 02 99 16 37 14. Mitte April-Juni u. Sep tgl. 9-12.30 u. 14-18, Juli/Aug tgl. 9-12.30 u. 13.30-18, Okt-März unregelmäßig geöffnet, oft nur Sa 9.30-12.30 u. 14-17.30 Uhr.*

Abschnitt der Côte d'Émeraude. Selbstverständlich hat Dinard nicht nur Villen und Hotels aus vergangenen Epochen zu bieten, sondern auch Strände, die ebenso exquisit wie das angrenzende Ambiente sind. Allen voran der **Plage de l'Ecluse**, an dem selbst der Sand einen Tick feiner und das Meer eine Spur türkisfarbener zu sein scheint. Genau der richtige Platz für eine Badepause, zumal sich der Strand mitten im Ort befindet und Sie Ihr Auto auf den Parkplätzen im Zentrum oder beim Kasino abstellen können. Obwohl der Strand in der Saison gut besucht ist, werden Sie noch ein Plätzchen für Ihr Handtuch finden, bevor sich die ganze Familie in die Fluten stürzt. Ein Flutbecken sorgt dafür, dass Baden auch bei Ebbe möglich ist.

Mondschein-Spaziergang

Später ist Zeit für einen kleinen Spaziergang auf der berühmtesten Promeniermeile der Bretagne, der **Promenade du Clair de Lune** (Mondscheinpromenade). Seit fast zweihundert Jahren ist dieser etwa eineinhalb Kilometer lange Boulevard, der die Küste von den Hotels und Villen trennt, d i e Institution Dinards. Wie der Name schon sagt, traf und trifft man sich nach dem Abendessen, um sich bei dezenter Musikberieselung und sanfter Beleuchtung die Beine zu vertreten und um zu sehen und gesehen

Wenn der Hunger kommt…

*Nehmen Sie zum Mittagessen im Speisesaal des **Restaurant-Hotel de la Vallée** am Ende der Mondscheinpromenade Platz. Das gediegene Ambiente und das Essen sind einmalig. Spezialität: Fisch und Meeresfrüchte. Für den Nachwuchs kann ein Kindermenü geordert werden. Die Einkehr lohnt auch für ein Eis oder einen Kaffee in der Bar.*

6, Avenue George V, 35800 Dinard, Tel. 02 99 46 94 00, contact@hoteldelavalle.com, www.hoteldelavallee.com. Tgl. geöffnet, nur Anfang Jan-Anfang Feb geschlossen.

zu werden. Doch auch tagsüber und ohne Musik lohnt ein Spaziergang auf Dinards „Laufsteg". Beeindruckend ist die Aussicht auf Klippen, Meer und das vom anderen Ranceufer grüßende Saint-Malo, und der Blick auf die ersten Hotels am Platz lädt zu Träumen von überbordendem Luxus ein.

Baden mit Aussicht

Verlassen Sie Dinard in westlicher Richtung und folgen Sie der D786 bis **Saint-Cast-le-Guildo**. Viele kleine Badeorte am Wegesrand laden ein zu Zwischenstopps mit erfrischenden Sprüngen ins Meer, ein besonders schöner Strand findet sich in Saint-Lunaire. Der nächste Halt sollte unbedingt an der **Pointe de la Garde Guérin** eingelegt werden. Besonders schön ist es hier im Frühsommer, wenn unzählige Ginsterbüsche die Landzunge in ein gelbes Blütenmeer tauchen.

Doch die Aussicht ist zu jeder Jahreszeit fantastisch, und während Sie Ihren Blick in die Ferne schweifen lassen, haben Ihre Kinder Spaß bei einem kleinen Versteckspiel zwischen den hoch gewachsenen Büschen.

Wieder auf der D786, bietet sich auf der Weiterfahrt ein ganz besonderer Anblick. Links und rechts der Straße schwingen plötzlich Golfer ihre Schläger und ziehen ihre Caddies über das hügelige Gelände. Die Landstraße führt mitten durch das Green des Golfclubs von Dinard. Kurz vor Notre-Dame-le-Guildo überqueren Sie die Mündung des Flusses Arguenon mit seinen zahlreichen Segelbooten.

Saint-Cast-le-Guildo zählt ebenfalls seit Langem zu den beliebtesten Badeorten der Smaragdküste, auch wenn es nicht so groß, nicht so betriebsam und nicht so mondän wie Dinard ist. Für eine kurze Badepause hat man die Qual der Wahl

Klingende Steine

*Zu ganz besonderen Steinen, den **„pierres sonnantes"** (klingende Steine), führt eine kleine Straße gleich hinter der Brücke über den Arguenon. Schlägt man die grünschwarzen Steinbrocken, die bei Ebbe im Watt liegen, zusammen, erklingt ein heller, metallischer Ton. Angeblich sind die Steine das Erbrochene des Riesen Gargantua, der hier vor langer Zeit sehr seekrank ein Schiff verließ, das ihn in die Bretagne brachte.*

Mitten durch das Green des Golfclubs von Dinard geht es auf der D786

zwischen sieben Stränden. Am kinderfreundlichsten sind der **Grande Plage** (direkt im Ort) und der **Plage de Pen-Guen** (östlich vom Hauptstrand) wegen ihres sanften Zugangs zum Meer.

Sternstunde für Vogelfreunde

Falls Sie kleine Vogelfreunde dabeihaben, werden diese weiterdrängen, um endlich zum **Cap Fréhel**, einem der bedeutendsten und schönsten Vogelschutzgebiete der Bretagne zu kommen. Auch wenn Sie sich nicht zur Gruppe der Ornithologen zählen, ist der Ausflug schon wegen der Schönheit des Kaps empfehlenswert.

Verlassen Sie bei Sainte-Aide die D786, um den Schildern zu folgen und auf kleineren Straßen zum Cap Fréhel zu gelangen. Der Weg zum Vogelparadies bietet übrigens eine gute Gelegenheit, um Mitbringsel zu erstehen oder die Speisekammer im Feriendomizil aufzufüllen. Fast jeder Hof, dessen Zufahrt in die Landstraße mündet, wirbt mit großen, selbst gemalten Schildern für seine Erzeugnisse. Wählen Sie unter biologisch angebautem Gemüse, Honig, Äpfeln, Calvados, Cidre und Ziegenkäse. Selten war Einkaufen auch für Kinder so spannend, denn sie dürfen sich in der Regel etwas auf den Bauernhöfen umschauen. Wie viele Vogelfreunde in den Hochzeiten zum Kap strömen, merken Sie spätestens, wenn Sie Ihr Auto auf dem großen Parkplatz abstellen. Von diesem Ansturm blieb die Natur leider nicht ganz unberührt: Zahlreiche Schilder mahnen, unbedingt auf den Wegen zu bleiben. Auf dem Weg zur Spitze des Kaps kommen Sie an zwei **Leuchttürmen** vorbei: Den neueren der beiden können Sie erklimmen und die Weite der Landschaft und das Meer im Rundumpanorama bestaunen, bevor Sie sich voll und ganz der Vogelwelt, zu der hier auch Papageientaucher, Trottellummen und Kormorane zählen, widmen [Phare du Cap Fréhel, 22240 Plévenon, April-Nov, tgl. 14.30-17.30 Uhr. Erw. € 2, Kinder (10-14 J.) € 1,50, unter 10 J. kostenlos. Parkplatz kostenpflichtig: Auto € 2, Wohnwagen € 4].

Wilde Naturschönheit im Norden: Cap Fréhel am Ärmelkanal

Beliebte Kulisse für Mantel- und Degenfilme: Fort La Latte am Cap Fréhel

Filmreif

Eine weitere Attraktion – auch für Kinder – liegt vor Ihnen: der Besuch einer echten Filmkulisse. Im **Fort La Latte** [22240 Plévenon, Tel. 02 96 41 57 11, www.castlelalatte.com. April-Anfang Juli tgl. 10.30-18, Anfang Juli-Ende Aug tgl. 10.30-19, Ende Aug-Ende Sep 10.30-18, Okt-März und Ferien nur Sa/So u. feiertags 14-18 Uhr. Erw. € 5,50, Schüler/Studenten € 4,50, Kinder € 3,50] wurde der Hollywoodstreifen „Die Wikinger" mit Tony Curtis und Kirk Douglas gedreht. Auch Sophie Marceau und Lambert Wilson unterhielten sich in „Revolution und Leidenschaft" in seinem Wehrgang. Um dorthin zu gelangen, fahren Sie vom Leuchtturm aus zurück auf die D34 und dann auf die D117 (folgen Sie den Schildern). Nach etwa zehn Minuten Fußweg vom Parkplatz aus können Sie das Fort bestaunen, das trutzig und meerumtost seit mehr als 700 Jahren auf einer Felsnase über dem Meer und der Heidelandschaft thront. Die Festung ist durch zwei Felsspalten geschützt und nur über zwei Zugbrücken erreichbar. Besichtigen können Sie auch das Innere des Bollwerks. Hier steht nur noch der Ofen, in dem die Kanonenkugeln geglüht wurden. Und das ist noch nicht alles: Auf dem Weg zurück zum Parkplatz finden Sie eine weitere Erinnerung an den Riesen Gargantua (siehe Kasten S. 40). Der vier Meter hohe Hinkelstein, auf Bretonisch Menhir (siehe S. 64), den Sie sicher schon auf dem Hinweg bemerkt haben, wird „Gargantuas Finger" genannt.

Tour 3: Wanderung durch rosarote Steinmassen

Perros-Guirec • Saint-Guirec • Ploumanac'h

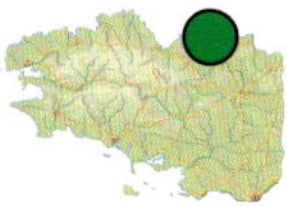

Wo: an der Côte de Granit Rose – Wie: zu Fuß – Dauer: Halbtagesausflug (Wegstrecke hin und zurück etwa 10 km) – Nicht vergessen: Badesachen, eventuell feste Schuhe

Wer glaubt, dass Steine stets grau und langweilig sind, wird auf dieser kleinen Wanderung schnell eines Besseren belehrt. Denn der Küstenabschnitt, den Sie auf dieser Tour erkunden, ist für seine vielen rosa leuchtenden Steine bekannt, die sich zu skurrilen Felsformationen auftürmen. Ihre legendäre Felsenpracht hat die Côte de Granit Rose zu einem der touristischen Höhepunkte der Bretagne gemacht, und schon in früheren Zeiten übten die zerklüfteten Klippen eine starke Anziehungskraft aus – allerdings nicht auf staunende Touristen, sondern auf gewiefte Schmuggler.

Paradies der Schmuggler

Denn die unübersichtliche Küste mit ihren vielen Felsvorsprüngen und Höhlen bot zahllose, sehr sichere Verstecke für „heiße Ware". Damit die Hüter des Gesetzes zumindest eine kleine Chance hatten, den Schmugglerbanden das Handwerk zu legen, wurden an den betreffenden Küstenabschnitten sogenannte „sentiers des douaniers" (Zöllnerpfade) geschaffen. Auf diesen Wegen, die direkt auf den Steilküsten entlangführen, patrouillierten regelmäßig Zöllner, um Schmuggler auf frischer Tat zu ertappen. Weil im Hightech-Zeitalter niemand mehr auf feuchte Höhlen als Warendepot angewiesen ist, sind die **Zöllnerpfade** nun zu Wanderwegen geworden. Der schönste von ihnen führt durch die rosa Steinpracht und verbindet die Badeorte Perros-Guirec, Ploumanac'h und Saint-Guirec.

Napoleons steinerner Hut

Der Zöllnerpfad fängt an der linken Seite des Hauptstrands von **Perros-Guirec**

Rosafarbene Felsen

Der Sage nach landete einst ein irischer Heiliger an der Küste, der heilige Guirec, Namensgeber und Schutzpatron von Perros Guirec, um die heidnische Bevölkerung zum Christentum zu bekehren. Weil seine Predigten auf taube Ohren stießen, ritzte er sich in den Daumen und ließ Blut auf die Felsen tropfen. Prompt erschien der Erzengel und färbte mit diesem Blut die gesamte Küste rosarot. Die Heiden staunten – und liefen zum Christentum über. Die profane Erklärung: Der hohe Feldspatanteil des Gesteins sorgt für die Färbung.

an, dem **Plage de Trestraou**. Falls Ihr Ziel Saint-Guirec heißt, können Sie den Weg problemlos in Sandalen und mit Kinderwagen meistern. Wer aber den Pfad in Richtung Ploumanac'h verlassen möchte, muss sich auf eine leichte Kletterpartie über Felsen gefasst machen, die jedoch mit festem Schuhwerk mühelos zu bewältigen ist. Der Anfang des Wegs unterscheidet sich nicht von den anderen Küstenpfaden. Zur Rechten lockt das blaugrüne Meer, zur Linken die Heidelandschaft. Üben Sie sich ungefähr eineinhalb Kilometer in Geduld, denn nach einer Kehre beginnt unvermittelt das rosa Steinchaos. Im Wasser und zu Land häufen sich bizarr geformte Felsbrocken und nehmen den Blick der Wanderer gefangen; bei rauem Wetter unterlegt von der dramatischer Akustik der Brandung.

Kurze Lektion in Naturkunde

Am Zöllnerpfad liegen auch ein Leuchtturm, die **Villa „Ker Avel"**, die einmal Gustave Eiffel, dem Erbauer des Eiffelturms, gehörte (beide Gebäude sind leider nicht zu besichtigen), und das **Maison du Littoral** [am Zöllnerpfad, östlich des Leuchtturms, 22700 Perros-Guirec, Tel. 02 96 91 62 77. 15. Juni-15. Sep Mo-Sa 10-13 u. 14-18, während der Ferien (außer Sommerferien) Mo-Fr 14-17, 15. (Juni u. Sep So geschl.), ganzjährig Mi 14-17 Uhr, Eintritt frei]. In Letzterem lohnt ein kurzer Zwischenstopp, denn hier erfahren Sie genau, was in dem und um das rosa Gebirge herum lebt und wächst, und wie es zu diesem steinernen Naturwunder kam. Ausgestopfte Seevögel sind im „Maison" aus der Nähe zu betrachten. Und wer sich auf dem Weg

Bizarre Felsformationen gibt es auf dem Zöllnerpfad zu bestaunen

Pizza und Pasta

Es gibt sie natürlich auch in der Bretagne, die bei Groß und Klein beliebten italienischen Teigwaren. Als willkommene Abwechslung zu Crêpes, Muscheln und Fisch werden krosse Pizzen und bissfeste Nudeln besonders lecker im ***Le Ker Bleu*** *zubereitet, das direkt an der Strandpromenade Perros-Guirecs zu finden ist. Ideal für die kurze Einkehr zwischen Strand und Zöllnerpfad.*
Le Ker Bleu: Plage de Trestraou, 17, Boulevard Joseph le Bihan, 22700 Perros-Guirec, Tel. 02 96 91 14 69, lekerbleu@orange.fr, www.lekerbleu.fr. Di-So 11-22 Uhr, Mo geschlossen.

gefragt hat, warum links und rechts des Pfads Netze auf dem Boden liegen, bekommt hier die Antwort. (Wer sich den Besuch schenken möchte: Die Netze schützen das Erdreich und die Pflanzen vor Erosion aufgrund des starken Winds und der unachtsamen Touristenfüße. Und sie helfen angewehten Samenkörnern, Halt zu finden.) Nach kurzer Zeit ist der Weg zu Ende. Sie haben nun die Wahl, den Pfad in Richtung Ploumanac'h zu verlassen, wo der Weg über Felsen und Treppen zum Hafen führt, oder den bequemeren Weg zum **Plage Saint-Guirec** einzuschlagen. Bei Hochwasser kann man sich hier gleich in die Fluten stürzen, bei Ebbe dem Oratorium des heiligen Guirec (siehe Kasten S. 44) einen Besuch abstatten.

Die Insel der Kreativen

Wer den Abstieg nach **Ploumanac'h** wählt, wird mit dem Blick auf das Schloss Costaérès belohnt, das malerisch auf einer kleinen Felseninsel liegt und zu den meistfotografierten Motiven der Bretagne gehört. Ende des 19. Jahrhunderts wurde es von einem polnischen Architekten erbaut und diente Künstlern und Schriftstellern als Inspirations- und Arbeitsstätte. So lebte auch Henryk Sienkiewicz, Autor des Romans „Quo Vadis?", einige Zeit in diesem hübschen Schlösschen, das von viel Grün umrankt wird. Heute geht es dort wahrscheinlich ziemlich lustig zu, denn seit 1989 gehört Costaérès dem deutschen Komiker Dieter Hallervorden. Allerdings versteht er garkeinen Spaß, wenn Fans versuchen, sein Anwesen zu betreten.
Falls Sie in Saint-Guirec oder Ploumanac'h keine Gelegenheit zum erfrischenden Bad hatten, sollten Sie es in Perros-Guirec nachholen. Welche Strände sich zwischen dem rosa Granit für einen entsapnnten Badeaufenthalt anbieten, lesen Sie auf S. 21.

Im Schloss Costaérès wohnt der Komiker Dieter Hallervorden

Tour 4: An der Küste der Legenden

Île Vierge • Aber Wrac'h • Aber Benoît • Aber Ildut • Le Conquet • Pointe de Saint-Mathieu

Wo: im Finistère (Nordwesten der Bretagne) – Wie: mit dem Auto, per Boot und zu Fuß – Dauer: Tagesausflug – Nicht vergessen: Picknickkorb, Pullover, eventuell Badesachen

Leuchtturm-Eiland: Auf die Île Vierge geht es nur mit dem Fischerboot

Dieser Ausflug führt zu Fjorden, Leuchttürmen, Dünen und in ziemlich einsame Landschaften, denn in diese Ecke der Bretagne verirren sich nur wenige Touristen. Wer Natur pur liebt, kommt voll auf seine Kosten, und auf die „Attraktionen-Sammler" warten zwei Superlative.

Zur Leuchtturm-Insel

Der erste erwartet Sie gleich zu Beginn: ein Besuch des größten gemauerten Leuchtturms Europas auf der **Île Vierge** [Phare de l'Île Vierge, 29880 Plouguerneau, Infos zum Leuchtturm: Ökomuseum von Plouguerneau, Tel. 02 98 37 13 35, www.ecomusee-plouguerneau.fr. April-Okt tgl. geöffnet (genaue Öffnungszeiten beim Anbieter der Schnellboote für die Überfahrt erfragen). Eintritt Erw. (ohne Überfahrt) € 2,50, Kinder (7-12 J.) € 2. Überfahrt: Vedettes des Abers, Infos und Reservierung: Tel. 02 98 04 74 94, www.vedettes-des-abers.com. Hin- u. Rückfahrt: Erw. ab € 18,50, Kinder (4-12 J.) ab € 13,50, (2-4 J.) ab € 5, (unter 2 J.) kostenlos.]. Um auf die Insel zu gelangen, starten Sie die Tour im eher unscheinbaren Badeort **Plouguerneau** (Anfahrt über die D10), genauer gesagt, in dessen Hafen Lilia (in Plouguerneau auf die D71 abbiegen). Fahren Sie bis ans Ende der Straße und stellen Sie Ihr Auto an der Kaimauer ab. Eineinhalb Kilometer vor Ihnen ragt nun der Phare de l'Île Vierge in den oft bedeckten Himmel. Neben ihm steht ein weiterer Leuchtturm, er ist das Vorgängermodell und beherbergt heute die Funkantenne, die dafür sorgt, dass der große Bruder Nacht für Nacht den Schiffen den Weg weisen kann. Vor allem bei schönem Wetter sollten Sie auf keinen Fall einen Leuchtturmbesuch versäumen, denn wer die 365 Stufen gemeistert hat, wird mit einer grandiosen Aussicht belohnt. Doch auch wenn Wolken die Sicht trüben, ist Sehenswertes zu entdecken, und nicht nur für Kinder ist der Blick in den Leuchtturm ein spannendes Erlebnis. Interessant ist auch die zehnminütige Überfahrt per Fischerboot.

Der Hexen-Aber und endlose Dünenlandschaft

Wenn Sie nach dem kleinen Inselausflug wieder festen Boden unter den Füßen haben, führt die „Route Touristique" (D113) Sie zum ersten und wildesten „Aber" der Bretagne, zum **Aber Wrac'h** („Hexen-Aber"). „Aber" ist die bretonische Bezeichnung für Fjord. Dabei handelt es sich um einen Flusslauf, der kein oder kaum Süßwasser führt. Bei Flut wird er vom Meerwasser überspült, das sich so seinen Weg weit ins Binnenland bahnt. Herrscht dagegen Ebbe, bleibt ein schlickiges Flussbett zurück. Es lohnt sich daher, vor dem Besuch der Abers einen Blick auf die Gezeitentabelle zu werfen, damit sie sich Ihnen bei Flut und damit in voller Schönheit präsentieren. Steuern Sie gleich einen der ersten kleinen Park- und Rastplätze entlang der „Touristenstraße" an, um den Blick auf die Mündung zu genießen. Bei Flut liegt ein riesiger „See" vor Ihnen, aus dem hier und da scharfkantige Felsbrocken ragen und an dessen Ufern Segelboote in Grüppchen vor Anker liegen. Wenn Sie sich beim ersten Anblick in diese Fjordlandschaft verliebt haben und länger verweilen möchten, lohnt ein Stopp in **Lannilis** [Office de Tourisme, 1, Place de la Gare, 29870 Lannilis, Tel. 02 98 04 05 43, www.abers-tourisme.com. Juli-Aug Mo-Sa 9.30-12.30 u. 14-17.30, Mitte

Europas größter Leuchtturm

heißt ***Phare de l'Île Vierge*** *und wurde 1902 in Betrieb genommen. Er ist 82,5 Meter hoch und sein Lichtkegel reicht 50 Kilometer weit. Die Energie dafür liefern zwei Windräder, die sich am Fuß des Turms unablässig drehen. Erst seit 1956 wird das Leuchtfeuer elektrisch entfacht, vorher sorgten Öllampen für den nächtlichen Lichtstrahl. Da der Betrieb inzwischen vollautomatisch vom Leuchtturm Créac'h auf der Insel Ouessant gesteuert wird, hat der Phare de l'Île Vierge seit Ende 2010 keinen Leuchtturmwärter mehr. In früheren Zeiten dienten Leuchtfeuer den Schiffen übrigens nicht nur als nächtliche Navigationshilfen, sondern stellten manchmal auch gemeine Fallen dar. Gerade am „Ende der Welt" versuchten die armen Küstenbewohner, Schiffe mit Feuern in die Irre zu führen und an den gefährlichen Klippen stranden zu lassen, um dann die Wracks zu plündern.*

Juli-Mitte Aug zusätzlich So und Feiertage 10.30-12.30, Sept-Juni Mo-Sa 9.30-12 u. 14-17.30 Uhr. Aberrundfahrt per Boot (2 Std.) € 10 pro Person ab 4 J., kostenlos unter 4 J. Abfahrt Juli-Aug Mo ca. 20 Uhr in Port de l'Aber Wrac'h in Landéda bei Lannilis]. Im Office de Tourisme erhalten Sie eine kostenlose Karte mit Routenvorschlägen mit dem Auto, und dort können Sie eine Rundfahrt per Boot im Juli und August buchen, um die Schönheit der Landschaft aus der Nähe zu betrachten.

Insel der Leuchttürme

Sage und schreibe fünf Leuchttürme drängen sich auf der 15 Quadratkilometer kleinen ***Île d'Ouessant****, die mit dem Schiff in einer Stunde und 15 Minuten zu erreichen ist und von der Unesco als Biosphärenreservat ausgewiesen ist. Für kleine und große Leuchtturmfans bietet die Insulanerin Ondine Morin neben Inselrundgängen Touren bei Dämmerung durch das Leuchtturm-Lichterballett an (www.kalon-eusa.com). Die Fähren fahren ab Brest und Le Conquet täglich um 8.20 bzw. 9.45 Uhr: Hin- u. Rückfahrt, Hauptsaison: Reservierung ist möglich unter Compagnie Maritime PENN AR BED, Gare Maritime, 29217 Le Conquet, Tel. 02 98 80 80 80, www.pennarbed.fr Erw. ca. € 34,60, Kinder (12-16 J.) ca. € 27,70, (4-11 J.) € 20,80, (1-3 J.) ca. € 3,50.*

Preisgekrönte Crêpes

Das „Ausgezeichnet" ist hier durchaus wörtlich zu verstehen, denn in dieser kleinen Crêperie in Landéda ist ein Meister am Werke: Olivier Lazennec hat für seine bretonischen Klassiker schon einige Preise eingeheimst – und gibt sein Wissen auch weiter. Interessierte können einen Kurs belegen und in drei Stunden lernen, wie man die zarten Crêpes zubereitet. Wenn das kein nachhaltiges „Mitbringsel" ist. ***Histoire de Crêpes****: 4 et 5, Place de l'europe, 29870 Landéda, Tel. 02 98 04 84 29, www.histoire-de-crepes.com. Di-So 12-14 und 19-21, im Sommer ab 18 Uhr (lieber reservieren). Mo Ruhetag.*

Entlang der Engelsbucht

Unsere Tour dagegen führt von Lannilis aus auf der D128 weiter nach **Port de l'Aber Wrac'h**. Der kleine Fischerort hat sich zu einem bedeutenden Zentrum für Wassersportler gemausert. Das erklärt die vielen Masten, die über die Mole lugen und die für die Größe des Orts beachtliche Anzahl an Bars und Crêperien. Eine gute Gelegenheit, um eine Kaffee- oder Mittagspause einzulegen.

Die „Route Touristique" verläuft weiter entlang der Baie des Anges (Engelsbucht) auf die Halbinsel **Sainte-Marguerite**, an deren Spitze sich feiner Sand zu hohen Dünen türmt. Das ist ein wunderschönes Fleckchen, um sich zwischen den Sandgebirgen die Beine zu vertreten und sich ein bisschen vom salzhaltigen Seewind durchpusten zu lassen. Wer noch nichts gegessen hat, dem bieten sich Tische und Bänke für ein Picknick mit Aussicht an. Weil die Halbinsel unter Naturschutz steht, ist das Picknicken in den Dünen verboten, und auch für Spaziergänger gilt: Jeder muss auf den Wegen bleiben. Über kleine Straßen erreicht man wieder die D28, auf der es in wenigen Minuten in den nächsten Aber geht. Dass sich der **Aber Benoît** („Gesegneter Aber") ganz wesentlich von seinem östlichen Bruder unterscheidet, merken Sie schon, wenn Sie die kleine Brücke bei Tréglonou überqueren. Mit den dunkelgrünen Büschen und Bäumen an beiden Ufern und dem mitunter starken Gefälle erinnert der Aber Benoît eher an einen reißenden Gebirgsbach als an eine Flussmündung.

Eis mit Panoramablick

Auf Kinder, die sich für landschaftliche Reize nicht sonderlich begeistern können, bis jetzt aber tapfer und ohne Quengelei durchgehalten haben, wartet in **Ploudalmézeau** eine besondere Belohnung: Eisessen in luftiger Höhe! Hier geht es zum zweiten Mal an diesem Tage hoch hinaus, und zwar auf das Panoramarestaurant des städtischen Wasserturms. In der **Crêperie Le Château d'Eau** [Saint-Roch, 29830 Ploudalmézeau, Tel. 02 98 48 15 88. Anfang Feb-Mitte Nov u. in den Ferien tgl. 12-21.30 Uhr, außerhalb der Saison nur am Wochenende geöffnet] können Sie, während das Eis genüsslich auf der Zunge schmilzt, von ganz oben den Weg betrachten, der hinter und noch vor Ihnen liegt. Wieder im Auto folgen Sie den Wegweisern nach Portsall, biegen aber bei Kersaint auf die D127, die sich als „Touristenstraße" wieder unmittelbar an der Küste entlangschlängelt. Auch hier vereinigen sich Dünen, Felsen und Meer zu eindrucksvollen Fotomotiven. Weiter geht es über den nächsten und letzten Aber, den **Aber Ildut**, dessen Größe nicht mit der der ersten beiden konkurrieren kann. Eindrucksvoll ist dagegen das Gefälle kurz vor der Mündung, welches Ihr Auto fast von selbst über die Brücke rollen lässt. Auch hier führt die Straße durch Dünen, die jedoch ab und an von Poldern abgelöst werden. Pferdefans sollten jetzt die Augen offen halten, denn sie können auf den Weiden links und rechts der Straße viele ihrer Lieblinge entdecken.

Besuch des Steinriesen

Kurz vor Plouarzel verlassen Sie die D28 und biegen auf die D5 in Richtung Saint-Renan, um sich dem zweiten Superlativ des Tages zu nähern: Nach

Für Pferdefans gibt es in den Dünenlandschaften tierisch viel zu sehen

Badesachen griffbereit? Am Plage des Blancs Sablons lohnt ein Sprung ins Nass

dem größten Leuchtturm besuchen Sie nun den größten noch aufrecht stehenden Menhir (siehe S. 64) der Bretagne. Bereits nach knapp zwei Kilometern erreichen Sie rechts die Abzweigung, die zum **Menhir de Kerloas** führt. Vom Parkplatz geht ein kurzer Pfad zu dem Steinriesen ab. Dass dieser 9,5 Meter hohe Menhir etwas Besonderes ist, finden Schlauberger gleich heraus: Welche beiden Merkmale unterscheiden diesen Hinkelstein – abgesehen von seiner Größe – von anderen Menhiren (Lösung im Kasten auf S. 51)?
Um sich der verdienten Badepause zu nähern, fahren Sie wieder zurück nach Plouarzel und von dort auf die D28 in Richtung **Le Conquet**. Kurz vor dem alten Korsarennest führt eine Abzweigung zum zweieinhalb Kilometer langen **Plage des Blancs Sablons**, der durch Felsvorsprünge in vier großzügige Badebuchten unterteilt wird. Wer den Tag nicht am Strand oder in den verwinkelten Gassen von Le Conquet ausklingen lassen möchte, bekommt noch einmal Dünen serviert – diesmal jedoch mit einer besonderen Garnitur: einem Leuchtturm und einer langsam zerbröckelnden Klosterruine. Setzen Sie sich noch einmal ins Auto und folgen Sie der ausgeschilderten, vier Kilometer langen Straße durch die Dünen zur **Pointe de Saint-Mathieu**. Gut, dass es schon später Nachmittag ist, denn nun haben Sie beste Chancen, einen Parkplatz zu ergattern – an dem sonst so geschäftigen äußersten Fleck des Finistère.

Leuchtturm im Kloster

Namensgeber für diese Landzunge, die tatsächlich Frankreichs westlichster Zipfel ist, war das Benediktinerkloster Saint-Mathieu, in dem lange Zeit der Schädel des Evangelisten Matthäus

Der Menhir von Kerloas
hat neben seiner Größe noch zwei weitere Extras zu bieten: Ihm ist im Laufe der Jahrtausende die Spitze abhanden gekommen, und er weist im unteren Viertel zwei Auswölbungen auf. Mit diesen hat es eine besondere Bewandtnis. Früher war es üblich, dass sich frisch vermählte Paare in ihrer Hochzeitsnacht nackt an diesen Beulen rieben. Zweck der ungewöhnlichen Übung: Die Reiberei sollte eine fruchtbare und glückliche Ehe garantieren.

aufbewahrt wurde. Weil die Benediktiner nicht nur geistliche, sondern auch weltliche Macht ausübten, wurde das Kloster samt dem Evangelistenkopf ein Opfer der Französischen Revolution. Die Mönche wurden vertrieben und die Klostergebäude nach und nach abgetragen, um die Steine zu verkaufen. Nach einer Restaurierungsphase darf man zwischen den Überresten des Kirchenschiffs und des Kreuzgangs wieder herumstreifen und sich vor dem Anblick der alten, moosbewachsenen Mauerreste ein bisschen gruseln.
Einzig der ehemalige Glockenturm der Klosterkirche blieb unversehrt. Denn bereits 1740, als der Klosterbetrieb noch in voller Blüte stand, wurde er zum Leuchtturm umfunktioniert. Knapp hundert Jahre später wurde ein paar Meter weiter der rot-weiße Turm gebaut, der noch heute seinen Dienst tut. Das ist der **Phare de Saint-Mathieu**, den man besichtigen kann. [Phare de Saint-Mathieu, 29217 Plougonvelin bei Le Conquet, Tel. 02 98 89 00 17, www.vacances-en-iroise.com. Juli/Aug tgl. 10-19.30 Uhr, verschiedene Öffnungszeiten in der Nebensaison. € 3,50 pro Person ab 12 J., Kinder (6-11 J.) € 1,50, Kinder unter 6 J. frei]. Er hat eine Reichweite von 55 Kilometern und sendet alle 15 Sekunden einen weißen Blitz. Daneben gibt es auf dem Gelände, rechts neben der Abtei, noch einen niedrigeren Leuchtturm mit einem Aushilfsfeuer, mit dem Seeleute ihren Kurs festlegen können. Wer dafür Zeit hat, sollte auf der Landspitze in der Abenddämmerung spazieren gehen, wenn viele der Ausflugstouristen schon auf dem Rückweg sind. Zu dieser Tageszeit und vom Leuchtturm beschienen, wirkt die Abtei am schönsten. „Finis terrae – Ende der Welt", nannten die Römer die westliche Bretagne; die Bretonen sahen die Sachlage von der anderen Seite: In ihrer Sprache heißt die Pointe de Saint-Mathieu „Penn ar Bed", was „Anfang der Welt" bedeutet.

Westlichster Zipfel Frankreichs: die Landspitze Saint Mathieu

Tour 5: Auf- und Abstiege am Ende der Welt

Locronan • Douarnenez • Cap Sizun • Pointe du Raz • Audierne

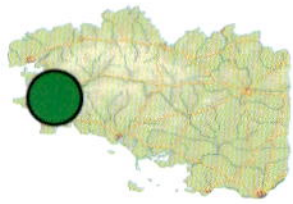

Wo: im Westen – Wie: mit dem Auto und zu Fuß – Dauer: Tagesausflug – Nicht vergessen: feste Schuhe, Pullover

Die Tour zum (angeblich) westlichsten Punkt Frankreichs startet in **Locronan.** Den Besuch einer der „schönsten Städte Frankreichs“ – so die offizielle Auszeichnung – dürfen Sie nicht versäumen. Um relativ ungestört auf dem historischen Pflaster zu bummeln, sollten Sie allerdings früh aufstehen, denn gerade zur Hauptsaison ist Locronan ein beliebtes Ausflugsziel.

Perfekte Kulissenstadt

Parken Sie Ihr Auto auf einem der ausgewiesenen Parkplätze vor der Innenstadt, denn die engen Gassen zwischen den grauen Granithäusern sind nicht für den Autoverkehr angelegt. Kein Wunder, im Ortskern wurden seit fast 400 Jahren keine (größeren) baulichen Veränderungen vorgenommen. Locronan wartet also mit einer perfekten Kulisse für Historienstreifen auf. Hier genügt das Entfernen der Laden- und Verkehrsschilder, um eine authentische Bühne für Filmgeschichten aus dem 17. Jahrhundert zu schaffen. Roman Polanski drehte hier zum Beispiel den

Natürliche Filmkulisse: In Locronan sieht noch alles so aus wie vor 400 Jahren

Auf heiligen Spuren

Die große Stadtkirche Locronans ist dem heiligen Ronan geweiht, der in den Wäldern der Gegend als wunderlicher Eremit hauste. Einmal täglich schritt er betend eine bestimmte Wegstrecke ab, jeden sechsten Tag wählte er eine längere Route. Getreu seinem Vorbild wird in Locronan noch heute jährlich ein Pardon (Wallfahrt) abgehalten, die ***Petite Troménie****. Wer dabei sein möchte: Sie findet jedes Jahr am zweiten Sonntag im Juli statt. Alle sechs Jahre treffen sich die Pilger – und mit ihnen die ganze Bretagne – auch zur „Grande Troménie“. Interessierte mussen sich aber noch bis 2019 gedulden, wenn sie das kirchliche Spektakel miterleben möchten.*

Film „Tess“ mit Nastassja Kinski. Die vielen kleinen Läden, die Textilien und Kunsthandwerk anbieten, sind nicht nur Anziehungspunkt für Touristen, sondern können auch auf eine lange Tradition zurückblicken. Die Stadt war einst das Zentrum der Tuchmacher und für haltbares Segeltuch und Leinen weit über die Grenzen Frankreichs hinaus berühmt. Es gab in Europa kaum eine Flotte, deren Segel nicht von den Webstühlen Locronans stammten. Besuchen Sie mit Ihren Kindern den einen oder anderen Laden, auch wenn Sie nichts kaufen möchten, denn die Häuser halten innen, was sie außen versprechen. Abgesehen von den Halogenlämpchen, die die Ware verkaufsfördernd anstrahlen, sieht es dank der unverputzten Steinwände, der niedrigen, geschwärzten Holzdecken und der kleinen Fenster aus wie früher.

Vom Einbaum zum Fischerboot

Fahren Sie mit dem Auto auf die D7 Richtung **Douarnenez**. Dafür brauchen Sie etwa eine Viertelstunde. In der Stadt, in der sich vom Fang bis zur Verarbeitung (fast) alles um Fisch dreht, wartet auf kleine und große Seebären eine besondere Attraktion: das **Portmusée** [Richtung Zentrum fahren, dann den Schildern folgen, Place de l'Enfer, 29100 Douarnenez, Tel. 02 98 92 65 20, port.musee@mairie-douarnenez.fr, www.port-musee.org. Museum und Boote im Hafen: Juli/Aug tgl. 10-19 (Museum und Boote im Hafen), übriges Jahr 10-12.30 u. 14-18 Uhr, Mo geschlossen (außer in den Ferien). Nov-Jan geschlossen (außer in den Ferien). Feb-April und

Gotische Kunst: die Kirche Saint-Ronan und die Chapelle du Pénity

Leinen los! Im Museumshafen dreht sich alles um die Welt der Boote

Weihnachtsferien nur Museum, ohne Boote. Eintritt (Museum und Boote im Hafen, Hauptsaison): Erw. € 7,50, Kinder (6-16 J.) € 4,50, Familien (2 Erw., mind. 2 Kinder) € 20]. In dem Ende der 70er-Jahre entstandenen Museum spazieren die Besucher durch die (fast vergangene) Welt der Holzboote. In den liebevoll restaurierten Hallen einer ehemaligen Fischkonservenfabrik sind vom Einbaum aus Guinea-Bissau bis zum bretonischen Fischerboot unzählige Bootstypen ausgestellt, überall riecht es nach Teer und altem Holz. Eine Besonderheit der Sammlung sind Boote, die nicht aus Holz, sondern aus anderen Naturmaterialen wie Tierhäuten oder Pflanzenfasern gebaut wurden. Gleich neben der Ausstellung befinden sich die Werkstätten, die leider nicht zu besichtigen sind und in denen alte Kähne wieder flottgemacht werden. Ein paar Schritte sind es von hier bis zum Hafen, in dem sich die Schiffsgalerie fortsetzt. Im Port-Rhu liegen sechs Museumsstücke vor Anker, die zu groß für die Ausstellungshalle sind und die man besichtigen kann.

Maritime Kaffeepause

Sich Schiffe anzuschauen macht hungrig und durstig, deshalb gibt es gegenüber dem Museumshafen eine gemütliche Bar, die sich **A Tribord** („Nach Steuerbord") [11, Quai Port-Rhu, 29100 Douarnenez, Tel. 09 51 93 77 30. Di-So 10-21, Fr/Sa bis 1 Uhr, Mo geschl.] nennt und mit allerlei Schiffszubehör ausgestattet ist. Nicht nur im gemütlichen Gastraum lässt es sich aushalten, sondern auch auf der Terrasse, auf der man seinen Kaffee mit Blick aufs Wasser und auf die Boote trinken kann. Wenn Sie sich noch ein wenig in Douarnenez umsehen möchten, bietet sich ein Spaziergang an: vom Museumshafen den Berg hinauf bis ins Zentrum und auf der anderen Seite wieder hinunter zum Port du Rosmeur, dem Fischereihafen.

Go West

Die D7 bringt Sie immer weiter westwärts, wo Sie am Ende über die D607 und die D784 die legendäre Pointe du Raz erreichen. Eines sollten Sie jedoch wissen: Je weiter Sie sich der westlichsten Spitze der Sizun-Halbinsel nähern, desto größer wird der Rummel. Wer dem Wunsch, an Frankreichs westlichstem Zipfel zu stehen (was gar nicht stimmt, denn das ist die Pointe de Saint-Mathieu, siehe S. 51), die Ruhe vorzieht, kann

einmalige Blicke auf die Kaplandschaft auch von einer der anderen acht Pointes genießen, zu denen Stichstraßen von der Landstraße aus führen.
Für Vogelfreunde schlägt die große Stunde im **Réserve du Cap Sizun** [Chemin de Kerisit, 29770 Goulien, Tel. 02 98 70 13 53, www.reserve-cap-sizun.org. April-Aug So-Fr 10-18 Uhr (Sa geschlossen). Eintritt frei], denn hier lassen sich die Tiere in einem Vogelschutzreservat mithilfe der fest installierten Ferngläser beobachten. Weil die meisten Bewohner Zugvögel sind, empfiehlt sich ein Besuch vor allem zwischen Mitte April bis Mitte Juni. Wenn es Sie doch bis ans Ende der Halbinsel zieht, dann folgen Sie der D7, bis Sie bei Trouguer links auf die D7 und kurz danach rechts auf die Rue de Langoustiers/D784 fahren. Zunächst rollen Sie über einige Hügel landeinwärts, bis sich ein atemberaubender Blick auf die Baie des Trépassés eröffnet. Der weiße Sand und das tiefblaue Meer locken, aber aufgrund der starken Strömung und des sehr unberechenbaren Winds sollten hier nur geübte Schwimmer ins Wasser gehen.

Vom Ende der Welt ...

Noch zwei Kilometer, und Sie sind an der **Pointe du Raz**, am vermeintlich westlichsten Fleck Frankreichs, das zum Naturschutzgebiet erklärt wurde. Hinter dem Parkplatz (€ 6) empfängt Sie das Touristenzentrum mit einer Einkaufs- und Restaurantmeile, die die Fußgängerzone mancher Kleinstadt in den Schatten stellt. Im **Maison de la Pointe du Raz** [29770 Plogoff, Tel. 02 98 70 67 18, www.pointeduraz.com. Anfang Juli-Ende Aug 10.30-19, Anfang April-Mitte Juli, Ende Aug-Ende Sep u. Ferien 10.30-18 Uhr. Thematische Führungen: zu Legenden

Windumtoste Landspitze Pointe du Raz mit Blick auf den Leuchtturm la Vieille

(1,5 Std.) € 4 pro Person, zur Flora und Fauna (2 Std.) € 6, zu Kobolden (für Kinder, 2 Std.) € 6 für 1 Erw. u. 1 Kind, kombinierte Führungen entlang der Pointe du Raz und der Pointe du Van (2 Std.) € 6, April-Dez. Nicht geführte Besichtigungen kostenlos und das ganze Jahr möglich] können Sie sich mit Infomaterial eindecken oder einer geführten Tour anschließen. Wandermuffel lassen sich in dem Shuttle-Bus zur Spitze bringen. Alle anderen schlagen den breiten Fußweg zur Pointe du Raz ein. Nach einer Viertelstunde, vorbei am Leuchtturm und an einer Marienstatue, die den Schiffbrüchigen gewidmet ist, sind Sie am Ziel. Noch ein kleines Stück dem „Weltende" näher und somit direkt vor Ihnen liegen zwei Leuchttürme, die Île de Sein und dahinter ... Amerika!

... in die Unterwelt

Sobald Sie sich an dem gischtspritzenden Anblick sattgesehen haben, folgt der Höhepunkt eines jeden Pointe-du-Raz-Besuches: der Abstieg in die „Enfer de Plogoff" („Hölle von Plogoff"), wie die allervordersten Felsausstülpungen genannt werden. Dort hinunter führt ein Pfad, der an den gefährlichsten Stellen mit Drahtseilen gesichert ist. Sandalenträger, Kleinkinder und alle anderen, die nicht trittsicher sind, betrachten den Atlantik besser von oben. Für ältere Kinder und Eltern mit festem Schuhwerk ist die Klettertour aber ein tolles Erlebnis.

Plätzchen oder Hummer?

Nach der „Hölle von Plogoff" wirkt der Ort selbst auf dem Rückweg ziemlich unspektakulär. Eine Attraktion, von der vor allem Schleckermäuler begeistert sein werden, gibt es hier dennoch: die **Biscuiterie de la Pointe du Raz** [Kerveur, 29770 Plogoff, Tel. 02 98 70 60 73, contact@biscuiteriedelapointeduraz.com, www.biscuiteriedelapointeduraz.com. Juli/Aug tgl. 9-20, Sep-Juni tgl. 9-19, Sa/So u. feiertags 10-12.30 u. 14-19, außer Jan/Feb bis 18 Uhr)]. Die Keksfabrik in Plogoff liegt direkt an der D784, die zu unserem letzten Tagesziel dieser Tour führt, und leckeres Gebäck anfertigt, beispielsweise Galettes und Palets. Besucher können mitverfolgen, wie die leckeren Plätzchen heute gefertigt werden – vollautomatisch. Alte, ausrangierte Maschinen zeigen auch, wie es früher gemacht wurde. Als Mitbringsel kann man die Köstlichkeiten auch kaufen, günstiger als im Supermarkt. Die nächste Station, der geschäftige Fischerort **Audierne**, ist genau der richtige Ort, um den Tag in einem der Restaurants an der Hafenzeile ausklingen zu lassen.

Bretonische Küche

*Im Restaurant **Au Bar Breton** am Hafen wird vorwiegend bretonisch gekocht. Donnerstags (Mitte Nov. bis Mitte April) sollten Sie die Gelegenheit nutzen, „kig ha farz", den bretonischen Eintopf, zu probieren. Eine weitere Spezialität sind die Fischgerichte. 2, Quai Jacques de Thézac, 29770 Audierne, Tel. 02 98 70 10 95. Ostern-Ende Sep Di-So 12-14 u. 19-21.30, Nebensaison Di-Fr 12-14, Sa ab 19, So 12.15-14 Uhr (Mo Ruhetag).*

Tour 6: Apothekergrotte an wilder Küste

Auf der Belle-Île: Le Palais • Sauzon • Port Goulphar • Le Palais

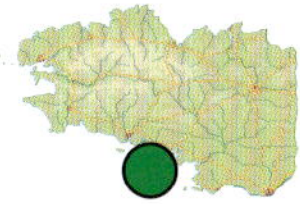

Wo: im Süden vor der Quiberon-Halbinsel – Wie: per Schiff und Rad – Dauer: Tagesausflug (Streckenlänge: etwa 40 km beziehungsweise 50 km)

Belle-Île-en-Mer – schon der Name zergeht auf der Zunge. Und den klangvollen Silben, da sind die Besucher einer Meinung, wird die größte Insel der Bretagne auch gerecht. Es sollte deshalb niemanden verwundern, dass das Eiland 15 Kilometer südlich der Quiberon-Halbinsel aufgrund seiner Schönheit und der guten Fährverbindungen schon lange kein Geheimtipp mehr und dementsprechend gut besucht ist. Erwarten Sie also landschaftliche Superlative, aber keine Einsamkeit.

Alle Urlauber an Bord?

Die schnellste und preiswerteste Fährverbindung besteht zwischen Quiberon und **Le Palais**, der „Hauptstadt" der Belle-Île [Fähre Quiberon – Le Palais: Compagnie Océane, Gare Maritime-Rue Gilles Gahinet, 56325 Lorient, Reservierung unter Tel. 08 20 05 61 56, www.compagnie-oceane.fr. Tgl. Abfahrt: Quiberon (ganzjährig), Vannes (April-Sep), La Turballe u. Le Croisic (Juli/Aug). Einfache Fahrt: Erw. ab € 15, Kinder (4-18 J.) € 9,25, (unter 4 J.) kostenlos].

Schöne Insel am Meer: Am Hafen des Orts La Palais legt die Fähre an

Die Schiffe pendeln das ganze Jahr über, während der Saison mehrmals täglich in beide Richtungen. Außerdem starten in der Hochsaison auch Schiffe von Vannes, Port-Navalo, La Turballe und Le Croisic zur „Schönen Insel“. Das Auto lassen Sie am besten auf den ausgeschilderten Parkplätzen (geöffnet von April bis September) am Ortseingang von Quiberon stehen. Von dort bringt Sie ein häufig verkehrender Bus-Shuttle-Service (Parkschein gilt als Ticket) direkt zum Hafen. Innerhalb von 45 Minuten haben Sie die Belle-Île erreicht. Schon beim Näherkommen sind die Befestigungsanlagen vom Sonnendeck der Fähre aus deutlich zu sehen und im scharfen Kontrast dazu

Heiteres, sommerliches Flair mit weißen Häusern, Booten und Palmen

Bewegte Vergangenheit

Die „Schöne Insel“ war wegen ihrer strategisch günstigen Lage jahrhundertelang heiß umkämpft und kann noch heute mit einer großen Befestigungsanlage aufwarten. Die Zitadelle, die über Stadt und Hafen wacht, wurde 1549 errichtet und gut 100 Jahre später von Sébastien Le Prestre de Vauban ausgebaut, einem französischen Baumeister und Spezialisten für Verteidigungsanlagen. Heute sind darin ein Hotelrestaurant und ein Museum untergebracht, das die Inselgeschichte und das Leben ihres berühmtesten Feriengastes, der Schauspielerin Sarah Bernhardt (siehe S. 61), dokumentiert.

***Musée Historique de la Citadelle Vauban**: 56360 Le Palais, Tel. 02 97 31 85 54. Juli/Aug tgl. 9-19, April-Juni u. Sep/Okt tgl. 9.30-18, Nov-März tgl. 9.30-17 Uhr (15. Nov-15. Dez geschl.). Erw. € 6,50, Kinder (10-16 J.) € 3,50.*

die malerischen weißen Häuschen von Le Palais. Beim Ankommen der Fähre herrscht ziemliche Hektik in dem Örtchen, deshalb sollten Sie sich die Besichtigung von Stadt und Festung lieber für den Nachmittag aufheben.
Ihr Weg führt daher vom Schiff gleich links um die Ecke zum **Office de Tourisme** [Office de Tourisme Belle-Île-en-Mer, Quai Bonnelle, 56360 Le Palais, Tel. 02

97 31 81 93, info@belle-ile.com, www.belle-ile.com. Juli/Aug Mo-Sa 9-19, So 9-13, Sep-Juni Mo-Sa 9-12.30 u. 14-18 Uhr]. Dort können Sie für € 5 eine ausführliche Fahrradkarte oder eine detaillierte Wanderkarte erstehen. Für die unten beschriebene Tour reicht Ihnen aber die Karte im kostenlosen „Guide Séjour et Découverte", den Sie hier ebenfalls bekommen. Broschüren können Sie ansonsten auch online einsehen, sogar in deutscher Sprache.

Im Radler-Paradies

Weil die Belle-Île wegen des geringen Autoverkehrs ein Paradies für Radfahrer ist, gibt es allein in Le Palais sieben Verleiher, die sich preislich kaum voneinander unterscheiden (ca. € 10 am Tag pro Fahrrad). Achtung: Da die Insel eher hügelig ist, sollten Sie nicht an der Ausstattung der Räder sparen und für einen geringen Aufpreis Mountainbikes oder Tourenräder mit vielen Gängen wählen – so bleiben alle bei (Tret-)Laune. Auch E-Bikes gibt es inzwischen fast überall (ca. € 23).

Um Kollisionen mit Fußgängern zu vermeiden, schieben Sie die Räder lieber durchs Ortszentrum. Um Proviant brauchen Sie sich keine Gedanken zu machen, denn in der Hauptsaison können Sie sich an allen touristischen Highlights wenigstens an einem Kiosk versorgen.

Ab durch die Mitte

Schieben oder fahren Sie immer am Fischereihafen entlang, bis nach etwa 300 Metern die Landstraße rechts nach Sauzon abzweigt. Ignorieren Sie diese, und halten Sie sich an die Radweg-Schilder (grüne Schrift auf weißem Grund). Schon nach ein paar weiteren Metern

Die Wildheit der Aiguilles de Port Coton hielt Claude Monet auf Leinwand fest

erreichen Sie eine kleine, geteerte Straße. Zunächst führt die Route ins Inselinnere, durch die Heide und vorbei an kleinen Weilern und saftigen Weiden. Runde, halb verfallene „Türme“ auf den Feldern zeugen davon, dass hier in vergangenen Zeiten der Wind etliche Mühlenflügel gedreht hat. Nach neun Kilometern auf teils geteerten, teils sandigen Wegen ist die erste Etappe der „Tour de Belle-Île“ geschafft. Bergab geht es nach **Sauzon**, einem malerischen Hafenstädtchen mit rosa und weiß getünchten Häuschen, die sich um einen fjordartigen Naturhafen schmiegen. Von dort leuchtet das Wasser blau, vorausgesetzt es ist Flut. Bei Ebbe dagegen ist im Hafenbecken nur brauner Schlick zu sehen. An dieser Stelle zwar schade, aber für das nächste Ziel, die **Pointe des Poulains**, ist Niedrigwasser von Vorteil.

Zur „Wilden Küste“

Haben Sie die Radwegweiser zur Pointe des Poulains schon entdeckt? Links vom Kai geht es tüchtig bergauf. Bald sind Sie schon in dem kleinen Ort **Deuborh**, um dessen weiß getünchte Häuser träge die Dorfkatzen streichen. Nun geht es auf einer kleinen Straße bergauf, bergab weiter zur Pointe des Poulains (drei Kilometer). An den knorrigen Kiefern und struppigen Ginsterbüschen lässt sich gut erkennen, woher der Wind weht.

Spaziergang bei Ebbe zum Leuchtturm an der Pointe de Poulains

> **Bäuerin statt Bühnenstar**
>
> *Zu den ersten „Aussteigern" der Geschichte gehört wohl die einst berühmte französische Schauspielerin* ***Sarah Bernhardt*** *(1844-1923). Bei ihrem ersten Besuch 1894 auf der Belle-Île war sie von Landschaft und Landleben so begeistert, dass sie das alte Fort an der Pointe des Poulains erwarb und zu ihrer Sommerresidenz erklärte. Bis kurz vor ihren Tod kehrte sie jährlich zurück, um sich beim Butterstampfen und anderen bäuerlichen Tätigkeiten vom Bühnenalltag zu erholen.*

Sie alle beugen sich landeinwärts, und eventuell macht der Wind auch Ihnen die letzten Meter etwas schwerer. Doch dafür werden Sie bald belohnt: Ein in allen Blautönen changierendes Meer erwartet die Radler an der Pointe des Poulains. Zur Rechten wirkt es einladend freundlich, auf der anderen Seite der Spitze brechen sich jedoch hohe Wellen an den zerklüfteten Felsen, wie um zu beweisen, dass die „Côte Sauvage" („Wilde Küste") ihren Namen zu Recht trägt. Die grauen Mauern, die Sie oben auf der Klippe sehen, sind die Reste des Forts, das die Schauspielerin Sarah Bernhardt (siehe Kasten oben) zu ihrem Feriendomizil erkoren hatte.

Vor Ihnen schiebt sich die äußerste Spitze der Insel in den Atlantik. Der Leuchtturm, der auf den Klippen thront und nicht zu besichtigen ist, ist bei Flut vom Rest der Insel abgeschnitten, bei Ebbe spricht jedoch nichts gegen den zehnminütigen Spaziergang zu seiner möwen-umschwirrten Pforte. Auf dem Kiesstreifen, den das ablaufende Wasser freigibt, finden große und kleine Sammler schön geformte und in Rosa- und Grautönen marmorierte Steine.

Glitschige Grotte

Zum nächsten Ziel, der **Grotte de l'Apothicairerie** („Apothekergrotte") fahren Sie wieder zurück bis Deuborh (drei Kilometer) und dort auf die D25. Fahren Sie ein Stück die Landstraße entlang und folgen Sie dann den Schildern, die Sie nach rechts auf die D30 führen. Nach sechs Kilometern leichter Berg- und Talfahrt haben Sie den Parkplatz erreicht, an dem Sie Ihre Räder abstellen sollten. Unmittelbar an der Steilküste ist das Radfahren verboten: Die Klippen sind nicht abgesichert. Wenn Sie sich jetzt vorbei an dem unvermeidlichen Hotel und Restaurant dem gurgelnden Abgrund nähern, sollten Sie daher Ihre Kinder im Auge behalten und kleinere Kinder fest an die Hand nehmen.

Erkennen Sie die Einbuchtungen, die die See in jahrtausendelanger Kleinarbeit in die Felswand gefressen hat? Diesen Höhlen verdankt die Grotte ihren Namen, denn sie erinnern an die Gefäße, in denen Apotheker Salben und Pülverchen anrühren. Früher dienten die Einschnitte Kormoranen als Nistplätze, aber die Vögel haben inzwischen vor dem großen sommerlichen Menschenansturm kapituliert und sich ein neues Domizil gesucht. Bis vor einigen Jahren konnte man auf algenbewachsenen Treppen von oben in die Grotte steigen. Als aber wiederholt Leute ausrutschten und im tosenden

Das tragische Liebespaar

Jean, ein wohlhabender Barde, und Jeanne, ein Mädchen aus armen Verhältnissen, waren unsterblich ineinander verliebt, obwohl die keltische Gesellschaft eine Verbindung zwischen derartig unterschiedlichen Ständen nicht dulden wollte. Weil sie sich weigerten, ihr Verhältnis aufzulösen, wurden sie versteinert und müssen nun bis in alle Ewigkeit in Sichtweite voneinander entfernt stehen, ohne wirklich zueinander kommen zu können.

Meer ertranken, wurde dieser Zugang gesperrt. Doch auch von oben lässt sich gut beobachten, wie die See unermüdlich gegen die Küste rollt und weiter an den Klippen knabbert.

Jean und Jeanne

Auf dem Rückweg biegen Sie rechts auf die D25 und radeln etwa acht Kilometer, um dann an einer Straßenkreuzung Jean zu treffen. Keine Angst, Sie können ihn nicht verpassen, denn Jean kann nicht weg – er ist ein Menhir (siehe S. 64).
Wer den Blick über die Kreuzung schweifen lässt, entdeckt 60 Meter weiter Jeans Pendant Jeanne. Niemand weiß genau, warum die beiden Steine hier vor Urzeiten aufgestellt wurden, aber es kursiert – wie üblich – eine nette Geschichte dazu (siehe Kasten oben).
Familien, die jetzt noch Power haben, fahren bis zur nächsten Abzweigung weiter und biegen dort ab auf die D190, die nach **Port Goulphar** (sieben Kilometer) führt. In der Nähe dieses malerischen Hafens mit dem Leuchtturm **Le Grand Phare** (den man besteigen darf) [Le Grand Phare, 56360 Port-Goulphar, Info-Tel. 02 97 31 81 93. Anfrage für Besichtigungen beim Office de Tourisme. Eintritt frei] ragen die „Aiguilles de Port-Coton" aus dem Meer, die der Impressionist Claude Monet mehrfach auf Leinwand festhielt. Dabei handelt es sich um hohe, schmale Felsen die im Meer „stecken" wie Nadeln in einem Nadelkissen. Über Bangor gelangen Sie zurück nach **Le Palais** (zehn Kilometer).
Wer dort noch ein bisschen bummeln oder Kaffee trinken möchte, wählt den direkten Weg zurück (neun Kilometer) und biegt bei Jean links auf den mit „Le Palais" beschilderten Sandweg ein, der nach einem Kilometer wieder auf den Radweg Le Palais Sauzon mündet.

Eiskalter Genuss mit Hafenblick

*Ziemlich umfangreich ist die Eiskarte des **Grand Café**, dessen gemütliche Terrasse zum Eisschlecken mit Hafenblick einlädt. Bei „richtigem" Hunger ist für die Großen das Fischmenü für € 18, für die Kleinen das Kindermenü (wahlweise mit Fisch oder Steak) für € 8,90 zu empfehlen. Le Grand Café: Hôtel Atlantique, Quai de l'Acadie, 56360 Le Palais, Tel. 02 97 31 81 27, contact@hotel-atlantique.com, www.hotel-atlantique.com. Tgl. geöffnet.*

Tour 7: Durch Hinkelstein-Alleen und Felsmassive

Carnac • Kermario • Kercado • Quiberon

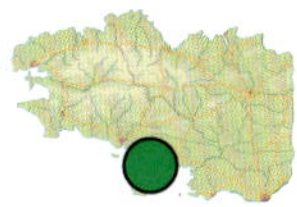

Wo: im Süden der Bretagne – Wie: mit dem Auto und zu Fuß – Dauer: Tagesausflug – Nicht vergessen: Badesachen

Keine Frage, dieser Ausflug verspricht steinig zu werden – aber bestimmt nicht langweilig! Denn auf den Spuren einer Kultur zu wandeln, von der nichts anderes übrig geblieben ist als spitz zulaufende, im Boden steckende Felsbrocken, kann auch für Nicht-Prähistoriker ganz schön spannend sein. Lassen Sie sich überraschen!

Stadt der Menhire

Carnac, dazu fällt den meisten nur eines ein: Menhire! Das ist zwar richtig, aber auch schade, denn das Städtchen hat außer den berühmten Steinfeldern noch anderes zu bieten, zum Beispiel wunderschöne Strände (siehe Kapitel „Strände", S. 29) und einen gemütlichen und vom Tourismus erstaunlich verschonten Ortskern um die Kirche Saint-Cornely. Machen Sie es nicht so wie die meisten Carnac-Besucher, die entweder gleich zu den Menhir-Feldern oder nach Carnac-Plage zum Baden fahren. Beginnen Sie den Tag mit einem kleinen Bummel durch die „City" (Carnac-Bourg). Auf

Obelix hätte an Carnac seine Freude: Hinkelsteine, so weit das Auge reicht

keinen Fall sollten Sie eine Stippvisite in einer der Bäckereien auslassen, in deren Backstuben köstliche Mini-Schoko-Menhire entstehen, die in etwa unseren Granatsplittern entsprechen.

Schutz der Vegetation

Wer wissenschaftlich fundiertes Hintergrundwissen erwerben will, sollte unbedingt das **Musée de Préhistoire** [10, Place de la Chapelle, 56340 Carnac, Tel. 02 97 52 22 04, contact@museedecarnac.fr, www.museedecarnac.com. Juli/Aug tgl. 10-18.30, April-Juni u. Sep Mi-Mo 10-12.30 u. 14-18 (in den Ferien auch Di), Okt 10-12.30 u. 14-17.30 (in den Ferien auch Di), Nov u. März 14-17.30 Uhr. Dez-Feb (außer Ferien) sowie 1. Jan, 1. Mai u. 25. Dez geschlossen. Erw. € 6, Kinder € 3] besuchen. Nach der Theorie nun zur Praxis: Das erste und gleichzeitig größte Menhirfeld heißt **Alignements du Ménec** (Begriffserklärung siehe Kasten). Ob Sie sich zwischen die Menhire begeben können, hängt vom Zustand der Vegetation zum Zeitpunkt Ihres Besuchs ab. Aufgrund der vielen Touristen, die alljährlich durch die Reihen schritten und ungewollt die Heidevegetation zerstörten, sitzen die Menhire nun so locker im Boden wie Zähne im parodontosegeschädigten Zahnfleisch. Um zu verhindern, dass die Steinmonumente umkippen, wird das Gelände durch umfangreiche Anpflanzungen renaturiert. Die Buchhandlung **Maison des Mégalithes** in Ménec informiert Sie darüber, ob die Alignements besucht werden dürfen [Alignements du Ménec, 56340 Carnac, Tel. 02 97 52 29 81, maisondesmegalithes@monuments-ationaux.fr, carnac.monuments-nationaux.fr. Tgl. Mai/Juni 9-18, Juli/Aug 9.30-19.30, Sep-April 10-17 Uhr (abweichende Öffnungszeiten möglich), 1. Jan, 1. Mai u. 25. Dez geschlossen. Führungen möglich: Erw. € 6, ermäßigt € 5, Kinder unter 18 J. frei]. Dort können Sie auch Führungen im Sommer buchen. Außerdem hält sie jede Menge weiterführende Literatur (auch in Deutsch) über die Epoche der Megalithiker bereit. Auch wenn Sie nur

Kleines Stein-Lexikon

Alignement: *Anordnung von Menhiren in parallelen Reihen.*

Allée couverte: *Steingrab, das aus einem langen Gang besteht und mit Steinen oder Erde verschlossen wurde.*

Cairn: *Steinhaufen, der als Grababdeckung dient.*

Cromlec'h *(breton. „krummer Ort"): kreisförmige, elliptische oder viereckige Anordnung von Menhiren.*

Dolmen *(breton. dol „Tisch", maen „Stein"): Steingrab, das aus einer Grabkammer und einem niedrigeren Zugang besteht. Das Grab wurde durch Aufschütten von Steinen oder Erde verschlossen.*

Menhir *(breton. men „Stein", hir „lang"): 1,5-20 Meter hohe, meist aufrecht stehende Steine, die eine leicht konische Form aufweisen und im 4. u. 3. Jahrtausend v. Chr. errichtet wurden.*

Tumulus: *Erdhaufen, der als Grababdeckung dient.*

Gräber aus Granit: Am Ortsrand liegen die Dolmen von Kerluir und Beaumer

am Zaun entlanggehen, können Sie sich einen Eindruck von dem Steinfeld verschaffen. Etwas links erkennen Sie den westlichen Cromlec'h, der die Anlage abschließt. Stolz ragen die im Halbkreis gruppierten Menhire in den Himmel. Noch immer hat man Sinn und Zweck dieser Steinmonumente nicht enträtseln können. Die Theorien reichen von Grabsteinen bis zu Hilfsmitteln für astronomische Berechnungen, um Mondfinsternisse zu bestimmen (siehe Kapitel „Geschichte", S. 120). Während Sie weiter den Zaun in östlicher Richtung entlanglaufen, könnten Sie einen kleinen Wettbewerb ausrufen: Dem Familienmitglied, das bis zum Abend die einleuchtendste oder witzigste Erklärung findet, weshalb die Menschen vor 6.000 Jahren tonnenschwere Gesteinsbrocken aufrecht in die Erde rammten, winkt ein kleiner Preis. Je weiter Sie zum Ende des Alignements kommen, desto kleiner werden die Steine, vereinzelt sind nur kurze Stummel im Boden auszumachen. Im Lauf der Jahrtausende wurden die Menhire von Wind und Wetter abgeschliffen und als Baumaterial abgetragen, weil man ihren historischen Wert erst Ende des 19. Jahrhunderts erkannte.

Auf Tuchfühlung

Steigen Sie nochmals kurz ins Auto und fahren Sie auf der D196 etwa einen Kilometer weiter nach **Kermario**, dort wartet die nächste Menhirallee. Diese ist zwar ebenfalls eingezäunt, im Sommer werden jedoch Führungen durch die Steinkolosse angeboten, wenn die Vegetation es zulässt. Fragen Sie ebenfalls in der **Maison des Mégalithes in Ménec** (siehe S. 64) vorher nach. Gleich zu Beginn des Alignements können Sie einen Tumulus (Begriffserklärungen siehe Kasten S. 64) entdecken, an dem man gut die Bauweise der Dolmen studieren kann, die als Gräber fungierten. Ein schmaler, niedriger Eingang, der sich stetig verbreitert und erhöht, führt in die Grabkammer, in der die Toten mit Schmuck, Waffen und anderen Beigaben bestattet wurden. An diesem Dolmen ist auch noch bis auf halber Höhe das aufgeschichtete Erdreich zu sehen, mit dem das Grab einst vollständig bedeckt war.

Freie Sicht

Wenn Sie weiter die Steinallee hochschlendern, gelangen Sie zu einem kleinen Turm, der aussieht, als sei er abgebrochen. Dabei handelt es sich um den Torso einer verfallenen Windmühle, dem eine Wendeltreppe eingepflanzt und der so zu einer prima Aussichtsplattform umgestaltet wurde. Der Weg hinauf wird belohnt mit einem Rundumblick auf die Alignements und die vielen Schafe, die ungerührt zwischen den historischen Monumenten Gras fressen. Auch sie gehören zu den Renaturierungsmaßnahmen und sollen die Erde feststapfen. Zurück zum Auto. Ein Monument sollten Sie nicht auslassen. Dazu fahren Sie mit dem Auto erneut ein Stück die D196 in Richtung Kercado. Nach etwa zweieinhalb Kilometern biegen Sie links in die kleine Straße ab, die mit **Tumulus de Kercado** beschildert ist. Der Weg bringt Sie zu einem kleinen Schloss, dem **Château de Kercado**, das leider nicht zu besichtigen ist – der Tumulus aber schon. [Cairn de Kercado, 56340 Carnac. Eintritt frei, Info beim Office de Tourisme de Carnac, Tel. 02 97 52 13 52.]

Hier sind Kinder im Vorteil: Der Eingang zu den Gruften ist niedrig

Köpfchen statt Muckis

Die Megalithiker benötigten keinen Kräfte mobilisierenden Zaubertrank, um ihre Hinkelsteine aus riesigen Granitwänden zu lösen. Vielmehr gingen sie äußerst überlegt vor: Sie trieben Holzkeile in natürliche Felsspalten und übergossen diese mit Wasser. Die aufquellenden Hölzer sprengten dann große Brocken aus den Felsmassiven, die zu Menhiren und Deckplatten der Dolmen verarbeitet wurden.

Schloss mit Grab

Hinter dem Schloss liegt auch der Parkplatz, auf dem Sie den Wagen abstellen. Außer seiner Größe unterscheidet sich

das Schloss nicht im Geringsten von den üblichen Bauernhäusern der Gegend: grobe Granitsteine, zwei Schornsteine an jeder Seite und Hortensienbüsche an der Hauswand.
Bevor Sie wieder in die Urzeit eintauchen, können Sie sich noch in der **Crêperie** stärken, die gleich neben dem Schloss liegt. Wer es eilig hat, bekommt die Crêpes auch auf die Hand, alle anderen genießen sie auf der Terrasse, während die Kinder begeistert die Schaukeln im Garten stürmen werden.
Gleich gegenüber der Terrasse liegt der Eingang zur Grabstätte. Der Weg führt vorbei an einem Wasserturm in ein kleines Wäldchen. Noch ein paar Meter, dann wölbt sich vor Ihnen schon der Tumulus auf. Im Gegensatz zu den meisten anderen prähistorischen Grabstätten ist dieser noch vollständig mit Erdreich bedeckt und bewachsen und von einem Menhir gekrönt. Der Tumulus wurde ungefähr 4.500 v. Chr. errichtet und zählt heute zu den besterhaltenen der Bretagne. Sein Eingang wurde 1867 zufällig entdeckt und man hatte im Grab einige Beigaben (unter anderem eine Kette) gefunden, die nun im Museum in Carnac ausgestellt sind.

Gruftbesuch

Bei der Besichtigung dieser steinernen Ruhestätte sind die Kinder eindeutig im Vorteil, wenn es darum geht durch den 80 cm hohen Eingang zu schlüpfen.. Im schummrigen Licht heißt es Augen auf: Wer entdeckt als Erster das Beil, das auf dem großen Deckstein links hinten graviert ist? Dieses geheimnisvolle Symbol findet man auch auf anderen Steinen der Gegend.

Komm, lass Drachen steigen! Die Baie de Quiberon eignet sich dafür perfekt

Wind und Wellen

Nun geht es zurück nach Carnac und auf der D781 und der D768 zur **Presqu'île de Quiberon**, wo es an der „Côte Sauvage“ nochmals Felsen zu bestaunen gibt.
An der schmalsten Stelle der Halbinsel, am Isthme de Penthièvre, brandet rechts der Straße das Meer an die Côte Sauvage, links schließt sich die Küste der Baie de Quiberon an. Stimmen die Windverhältnisse, können Sie Drachen im Wind flattern sehen und Strandsegler bei ihren Sprints beobachten. Biegen Sie bei Portivy von der Hauptstraße ab und folgen Sie den Wegweisern zur schmalen und holprigen Panoramastraße nach **Quiberon**. Aber schnell fahren will hier sowieso niemand, dazu gibt es an der „Wilden Küste“ viel zu viel zu sehen.
Auf den schroffen Klippen wächst außer Gras nichts, denn eine andere Vegetation hat gegen den Wind keine Chance. Die zahlreichen Parkplätze sollten Sie nutzen und immer wieder einen Blick auf die ungebremsten Naturgewalten werfen.
Auch wenn Sie an den kleinen Sandbuchten Surfer und Schwimmer beobachten können – Baden ist hier wegen der starken Brandung verboten.
Um den Tag am Strand ausklingen zu lassen, fahren Sie ins Hafenstädtchen Quiberon. Dort eignen sich der Grand Plage direkt im Ort und der Plage du Goviro gleich nebenan zum ungefährlichen und im Sommer überwachten Schwimmen im Meer.

Olle Kamellen ...

... gibt es hier ganz bestimmt nicht. Im Gegenteil, frischer werden Naschkatzen nirgendwo köstliche Karamellbonbons kaufen und noch dazu deren Produktionsstätten besichtigen können. In dem kleinen Betrieb werden seit 50 Jahren „Les Niniches“ hergestellt, weiche Karamellen in vielen Geschmacksrichtungen, daneben auch Kekse, Schokolade und Aufstriche. Auf dem kostenlosen, geführten Rundgang ist Naschen natürlich erlaubt.
La Maison d'Armorine*: ZA Plein Ouest, Rue de Confiseurs BP 30350, 56173 Quiberon Cedex, Tel. 02 97 50 24 25, www.maison-armorine.com. Kostenlose Führungen auf Französisch: Juli/Aug Mo-Sa 10, 11, 14.30 u. 15.30, Sep-Juni Mo-Fr 11 u. 15 Uhr. Die Führungen finden bei einer Gruppe von mind. acht Personen statt.*

Fisch genießen

Nicht nur Meeresgetier und andere Köstlichkeiten kann man im Restaurant ***Le Triskell*** *genießen, sondern auch einen schönen Panoramablick auf drei Inseln: Belle-Île, Île Hoedic und Île Houat. Menüs gibt es ab € 23, ein Kindermenü für € 8,50.*
Le Triskell: 2, Quai de Houat, 56170 Quiberon, Tel. 02 97 30 41 86, www.triskell-quiberon.com. Tgl. 12-22.30 Uhr.

Tour 8: Zeitreise in verwunschener Sumpflandschaft

Bréca • Kerhinet • Rozé

Wo: in der Grande Brière auf der Guérande-Halbinsel – Wie: mit dem Auto, per Boot und zu Fuß – Dauer: Tagesausflug – Nicht vergessen: Fernglas

Der Ausflug in die **Grande Brière**, das zweitgrößte Sumpfgebiet Frankreichs, lässt Sie die Bretagne von einer ganz anderen Seite entdecken. Die Tour mutet an wie ein Trip in vergangene Zeiten: Wie einst wohnen die Menschen in „chaumières" (einstöckige, weiß gekalkte und mit Reet gedeckte Häuser), die auf kleinen Inseln im Sumpf zu Dörfchen gruppiert sind. Im Gegensatz zu früher leben sie jedoch nicht mehr hauptsächlich von dem, was der Sumpf ihnen bietet. Torfstechen, Fischfang und Entenjagd werden zwar immer noch betrieben, heute ist die Haupteinnahmequelle jedoch der Tourismus. Doch auch dieser bewegt sich eher in geordneten Bahnen, denn die beschauliche Moorlandschaft der Grande Brière ist nichts für Urlauber, die Trubel und Superlative suchen.

Eldorado für Naturfreunde

Dafür kommen Tier- und Pflanzenliebhaber voll auf ihre Kosten, denn der 40.000 Hektar große Naturpark ist die Heimat einer unglaublichen Artenvielfalt, viele

Kahnpartie: Expedition in die schönen Sümpfe von Grand Brière

der hier beheimateten Tiere und Pflanzen stehen auf der Roten Liste. Selbstverständlich müssen Besucher dieses Paradies respektieren, Blumenpflücken und das Verlassen der Wege sind verboten. Das Beobachten der Flora und Fauna ist natürlich erlaubt, und wer hat, sollte unbedingt ein Fernglas auf die Reise durchs Moor mitnehmen.

Kahnpartie

Auch wenn Sie mit dem Auto anreisen, lernen Sie das Leben im und am Sumpf am besten bei einer Bootsfahrt auf den zahlreichen Wasserarmen kennen, die die Grande Brière wie ein Spinnennetz durchziehen. Ein möglicher Ausgangsort für eine Entdeckungsreise zu Wasser ist **Bréca** [Bootstouren: Abfahrten in Bréca neben dem Parkplatz. Es gibt drei Anbieter, deren Preise einheitlich sind: Erw. € 9, Kinder (4-12 J.) € 4,50. Für individuelle Touren kann man Boote für € 20-45 pro Tag mieten. Infos: Tel. 02 40 91 33 97 (S. Moreno), 02 40 91 32 02 (Y. Thual) u. 02 40 91 48 09 (N. Legal)]. Der Parkplatz liegt unmittelbar an einem Kanal, und davor gruppieren sich die Kartenhäuschen der Bootsvermieter. Die kiellosen Kähne oder „blins", wie sie auf Bretonisch heißen, sind nicht nur eine Touristenattraktion, sondern dienen auch noch als zweckmäßigstes Beförderungsmittel für Menschen, Haustiere und Waren aller Art. Sie werden ähnlich wie venezianische Gondeln mit langen Stangen vorangestakt, und da Sie darin wahrscheinlich weniger geübt sind, emp-

Postkarten-Idyll in Kerhinet: Das Reetdach-Häuschen gehört zum Museumsdorf

fiehlt es sich, einen Kahn mit Führer zu wählen. Auch wenn Sie nicht jedes Wort seiner meist sehr amüsanten Ausführungen verstehen, Spaß macht die knapp einstündige Kahnpartie allemal.

Unter reetgedeckten Dächern

Wieder am Ufer und um einige Eindrücke reicher, bringt Ihr Auto Sie in wenigen Minuten direkt ins Museum. Denn **Kerhinet**, unsere nächste Station, ist ein Museumsdorf. Stellen Sie Ihr Auto auf dem Parkplatz am Dorfeingang ab und erkunden Sie auf einem Lernpfad, wie das Leben einst ausgesehen hat. Man kommt an einem Waschplatz vorbei, an einem Backhaus, einem Obstgarten – und sieht einige Tiere, die es damals auf so einem Hof gegeben hat. Empfehlenswert ist der Besuch der **Maison du Parc** [La Maison du Parc, Village de Kerhinet, 44410 Saint-Lyphard, Info-Tel. 02 40 66 85 01, tourisme@parc-naturel-briere.com, www.parc-naturel-briere.com. Anfang April-Ende Sep tgl. 10-13 u. 14-18, Anfang Jan-Anfang April Di-Fr 10-13 u. 14-17.30, Okt Mo-Sa 10-13 u. 14-18 Uhr, So nur nachmittags. Eintritt frei]. Darin informiert eine Ausstellung über die Aufgaben und Funktionen eines Naturparks, und man kann dort auch Fahrräder leihen oder an einer halbstündigen Führung teilnehmen. In der kleinen Buchhandlung können Sie Postkarten, Werke lokaler Autoren oder Bücher über die Region kaufen. Besondere Andenken bekommen Sie auch in der **Chaumière des Saveurs et de l'Artisanat** zu [Village de Kerhinet, 44410 Saint-Lyphard, Tel. 02 40 61 95 53. Juli/Aug Mo-Sa 10-19, So 14.30-18.30, Nebensaison Di-Sa 10.30-12.30 u. 14.30-18.30 Uhr], zum Beispiel handgefertigte Kunstgegenstände, Töpferware und Schmuck sowie regionale kulinarische Erzeugnisse. Bekannt für diese Gegend sind Schmuckstücke, Kugelschreiber oder Besteck aus dem Holz der Mooreiche, der „morta“, deren Baumstamm über 5.000 Jahre im Moor gelegen hat und aufgrund dieser Konservierung besonders hart geworden ist.

Wie es in einem der typischen, reetgedeckten Häuser ausgesehen hat, können Sie in der **Chaumière brièronne** auf der Île de Fédrun [nur Mitte Juni-Mitte Sep, Info über das Office de Tourisme, Tel. 02 40 66 85 01] besichtigen. Hier lässt man mit Möbeln, Haushaltsgegenständen und Werkzeugen den mitunter harten Alltag des 18. Jahrhunderts wieder aufleben. In der oberen Etage wird zudem ein Film über die Region und ihre Gebräuche gezeigt. Im Sommer ist in Kerhinet donnerstags Markttag, dann werden neben Kunsthandwerk auch landwirtschaftliche Erzeugnisse aus der Region angeboten.

„Schwarzes Land“

*ist eine andere Bezeichnung für „La Grande Brière“ und außerdem der deutsche Titel des 1923 erschienenen Romans „La Brière“ von **Alphonse de Châteaubriant**. Eine lohnenswerte Lektüre für alle, die mehr über das Leben der Menschen dieser Region zu Beginn des 20. Jahrhunderts erfahren wollen. Denn die idyllischen Brière-Dörfer lassen heute kaum Rückschlüsse darauf zu, wie hart der Alltag der Bewohner tatsächlich war.*

Bevor Sie sich zum Mittagessen im Museumsgasthof (siehe Kasten unten) niederlassen, sollten Sie noch ein wenig auf den sandigen Wegen durchs Dorf spazieren. Während die Erwachsenen von dem üppigen Blumenschmuck rund um die Chaumières entzückt sein werden, begeistert sich der Nachwuchs eher für den alten Backofen, der aussieht wie aus „Hänsel und Gretel", und für die vielen, zweifellos glücklichen Hühner, die ihr Futter auch mitten auf den Wegen picken.

Durch Schilf und Wiesen

Weiter geht es mit dem Auto über die D47, D51 und D50 auf die östliche Seite des Moors. Fast genau gegenüber von Bréca liegt **Rozé**. Ihr Fahrzeug stellen Sie auf dem Parkplatz beim Haus des Schleusenwärters („La Maison de l'Eclusier") ab, das ebenfalls besichtigt werden kann. Der Weg setzt sich zunächst über eine Kanalbrücke fort, dem Wasserlauf folgend erreicht man nach einigen Hundert Metern die Réserve naturelle régionale „**Marais de Brière**" [Rozé, 44550 Saint-Malo-de-Guersac, Tel. 02 40 66 85 01, tourisme@parc-naturel-briere.com, www.parc-naturel-briere.com. Juli/Aug tgl. 10-18 Uhr. Der Park ist im Umbau, daher Infos über Öffnungszeiten in der Nebensaison und Führungen beim Office de Tourisme (siehe oben) erfragen. Erw. € 3 (ohne Führung), Kinder (unter 18 J.) kostenlos]. Bevor Sie Ihren Rundgang antreten, sollten Sie sich die große Schautafel und die jahreszeitlich wechselnde Ausstellung ansehen. Auf kleinen Wegen können Sie nach Herzenslust den Park durchstreifen und mittels ansprechender Schautafeln und kleiner Spielchen die heimische Tier- und Pflanzenwelt erforschen. Selten hat Biologieunterricht so viel Spaß gemacht, und auch Eltern können noch einiges dazulernen. Weil im Schilf und auf den Feuchtwiesen eine Menge los ist, sollten Sie Ihr Fernglas mitnehmen, um Vögel, Reptilien und Amphibien hautnah beobachten zu können.

Mittagessen im Museum

Auch der Gasthof ist ein Teil des Freilichtmuseums. Bei schönem Wetter genießen Sie typische „Brière-Gerichte" wie Aal oder Entenbraten im Garten, an kühleren Tagen in der Gaststube vor dem Kaminfeuer. Menüs ab € 20-40, Kindermenü € 9. Seit 2015 gibt es auch eine kleine Crèperie, die bei Gästen beliebt ist. ***L'Auberge de Kerhinet****: 10, Village de Kerhinet, 44410 Saint-Lyphard, Tel. 02 40 61 91 46. Geöffnet das ganze Jahr über von Mi-So (Mo/Di geschlossen) mittags ab 12.15 und abends ab 19.15 Uhr.*

Die Welt der Holzpuppen

In eine ganz andere Welt entführt Sie die letzte Tagesetappe: Es heißt **Chaumière des marionnettes**, das Haus der Marionetten [28, Rue de la Herviais, 44410 La Chapelle-des Marais, Tel. 02 40 53 22 40. Info auch über das Office de Tourisme, Tel. 02 40 66 85 01, tourisme@parc-naturel-briere.com, www.parc-naturel briere.com. Das ganze Jahr über jeden Sa 14-19, in den Schulferien tgl. 14-19

Das „Haus der Braut“
ist kein Geschäft für Brautkleider, sondern ein Museum auf der Île de Fédrun, das sich den heute fast vergessenen Gestecken aus wächsernen Orangenblüten widmet, die einst jeden Hochzeitstisch Frankreichs zierten und in der Brière hergestellt wurden. Ein Besuch in der Maison de la Mariée, das in einer typischen Chaumière beheimatet ist, verrät Ihnen noch weitere Hochzeitsbräuche. ***Maison de la Mariée****: Haus Nr. 130, Île de Fédrun, 44720 Saint-Joachim, Info-Tel. 02 40 66 85 01, tourisme@parc-naturel-briere.fr, www.parc-naturel-briere.fr. 13. Juni-13. Sep tgl. 14-18 Uhr, daneben zwischen 1. Mai-16. Okt nur an Wochen-enden geöffnet, Erw. € 3, Kinder € 1,50.*

Uhr. Eintritt pro Person € 5. Führung (französisch, englisch) möglich], und es liegt noch mitten in der Brière, sodass Sie nicht weit fahren müssen. Fahren Sie auf der D50 nach Norden in Richtung La Chapelle-des-Marais, dann am Kreisel die vierte Ausfahrt auf die D33 und am nächsten Kreisel die dritte Ausfahrt auf die D51. Von dort aus sind es nur noch wenige Minuten, folgen Sie den (Hexen-) Schildern, bis Sie in der Rue de Herviais angekommen sind.
Schon der erste Blick in das reetgedeckte Haus offenbart, dass es nicht so unscheinbar ist wie vorher angenommen. Beim Betreten lässt man dann die normale Welt hinter sich. Wohin man auch blickt, überall hängen bewegliche Holzpuppen unterschiedlichster Art. Die Gastgeber Michel und Françoise Wysocka sind beide leidenschaftliche Marionettenbauer, und sie verstehen ihr Handwerk: Selbst alltäglichste Gegenständen wie Babyflaschen, Wecker, Bürsten, Fotoapparate, Espressokannen oder Teekannen verwandeln sie in eine Holzpuppe mit eigener Persönlichkeit, ein bisschen wie im Comic, und sobald sie eine davon bewegen, scheint sie zum Leben zu erwachen. Das hat etwas Magisches. Es macht großen Spaß, Michel Wysocka dabei zuzusehen, wie er sie präsentiert – er ist ein guter Erzähler, der vor allem seine kleinen Besucher mit seinen Geschichten zu fesseln vermag.

Eintauchen in eine fantastische Welt

Auch wenn man kein Französisch spricht, lohnt sich ein Besuch, allein um diese Werke gesehen zu haben. Bei einem Rundgang durch die Räume werden nicht nur Kinder große Augen machen: Hier eine Ecke, aus der ein paar Augen hervorlugen, dort eine Klappe, aus der überraschend Figuren herauskommen. Hinter einer knarzenden Holztür verbirgt sich ein kleiner, höhlenartiger Raum, der viele kleine Hexen und Teufel beherbergt, einen anderen Raum betritt man, indem man aus einem Schrank zu steigen scheint. Selbst im Garten sind noch spannende Dinge versteckt, die es zu entdecken gibt, bevor man wieder in die normale Welt zurückkehrt. Und wer sich von den Puppen nicht mehr trennen mag: Man kann sie auch kaufen.

Tour 9: Durch den Wald der Mythen und Sagen

Paimpont • Tréhorenteuc • Comper

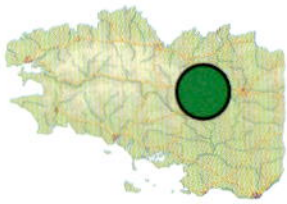

Wo: im Herzen der Haute Bretagne – Wie: mit dem Auto und zu Fuß – Dauer: Tagesausflug – Nicht vergessen: feste Schuhe, Straßenkarte

Einen „sagenhaften" Urlaubstag verspricht der Abstecher in den Forêt de Paimpont, mit 9.000 Hektar das größte Waldstück der Bretagne. Berühmt ist der Wald von Paimpont, weil er angeblich identisch ist mit der legendären „Brocéliande", dem Handlungsort der Artussage. Hier liegt – wenn man der Überlieferung glaubt – die Heimat von König Artus und seiner Tafelrunde, von Zauberer Merlin und seiner Geliebten Viviane sowie von Morgane, Artus' zauberkundiger Halbschwester. Der Wald ist in Privatbesitz; das bedeutet, dass Besucher unbedingt auf den Wegen bleiben müssen. Um den Weg zu den einzelnen Sehenswürdigkeiten leichter zu finden, besorgen Sie sich am besten in einer der Touristeninformationen kostenlose Wanderkarten.

Guillotine-Eiche: Feen und Kobolde wachen über dieses Prachtexemplar

Die Ritter der Tafelrunde

Zur Einstimmung eine Kurzfassung der Artussage: Der junge Artus muss sich als rechtmäßiger Thronfolger der keltischen Briten gegen viele Widersacher behaupten, was ihm dank Merlin, seinem unsterblichen Magier und Berater, und dem Zauberschwert Excalibur auch gelingt. Endlich an der Macht, erhält Artus von Merlin einen runden Tisch, an welchem 40 Personen Platz haben. Artus soll 39 Ritter um sich scharen, die mit ihm in den Kampf gegen das Böse ziehen. Doch lange sind es nur 38 tugendsame Ritter, die ehrlose Männer besiegen, Feuer speiende Drachen töten, wehrlose Jungfrauen befreien und nebenbei den Gral, Inbegriff für eine reine Seele, Kraft und Überfluss, suchen. Schließlich vervollständigt Galahad die Tafelrunde, findet den Gral und leitet damit den Anfang vom Ende der edlen Gemeinschaft ein. Die Ritter zerstreiten sich und werden von Artus' herrschsüchtigem Neffen Mordred besiegt. Der verletzte Artus wird nach Avalon gebracht und dort von seiner Halbschwester Morgane gepflegt. Hier ruht er nun und wartet, bis die Zeit kommt, um erneut für sein Volk ins Feld zu ziehen.

Zauberwald in Gefahr

Im September 1990 war es schlecht um Morganes Reich bestellt. Fünf Tage lang stand der Wald, den höchstwahrscheinlich Brandstifter angezündet hatten, in Flammen. Als das Feuer endlich gelöscht war, ragten nur noch verkohlte Baumstümpfe aus grauen Aschenhäufchen. Dass das „Tal ohne Wiederkehr" nun wieder im Wald und nicht in einer Heidelandschaft liegt, ist einem aufwendigen Aufforstungsprogramm zu verdanken. Dank umfangreicher Spendenaktionen und Sponsoringmaßnahmen konnten 500.000 neue Bäume gepflanzt und der Wald gerettet werden.

Tanzende Sonnenflecken

Egal, aus welcher Richtung Sie kommen, alle Wege führen nach **Paimpont**, einem kleinen, verschlafenen Dörfchen an einem tiefblauen See, das den „Verkehrsknotenpunkt" der Brocéliande bildet. Am schönsten ist die Anfahrt aus dem Südosten, über die D38, denn die kleine Straße führt durch sattes Grün und gibt schon einen kleinen Vorgeschmack auf den Zauberwald. Links und rechts reichen die Bäume bis zur Straße, sodass sich ihre Kronen zu einem dichten Laubdach verbinden. Sonnenflecken tanzen auf der Fahrbahn, und das Unterholz ist dicht mit Farn durchwachsen.

Mittelpunkt Paimponts ist ein ehemaliges Kloster. Nicht weit davon entfernt finden Sie das **Office de Tourisme de Brocéliande** [Place du Roi Judicaël, 35380 Paimpont, Tel. 02 99 07 84 23. http://tourisme-broceliande.bzh/. Juli/Aug. tgl. 9.30-19 Uhr, April-Juni/Sep-Okt 9.30-12.30 und 14-18, Nov-März Mi-So 9.30-12.30 und 14-17 Uhr (in den Ferien tgl.)], in dem Sie kostenloses Informationsmaterial (auch auf Deutsch) erhalten und sich mit Wanderkarten von der Region eindecken können.

Tal ohne Wiederkehr

Erstes Ziel der Märchenfahrt ist **Le Val Sans Retour**, das „Tal ohne Wiederkehr", in welchem die Fee Morgane wohnte und wirkte. Folgen Sie von Paimpont den Wegweisern „Val Sans Retour" oder „Tréhorenteuc". Die Anfahrt führt über die D40. Nach einiger Zeit verlässt die Straße den Wald und schlängelt sich durch eine hügelige Landschaft, in der sich Felder und kleine Ortschaften abwechseln. Nach ungefähr einer halben Stunde ist der Kirchturm von **Tréhorenteuc** in Sicht [Eglise du Graal, Place Abbé Gillard, 56430 Tréhorenteuc. Falls geschlossen, im Office de Tourisme nebenan anfragen. Führung Juli/Aug € 2. Office de Tourisme, 1, Place Abbé Gillard, 56430 Tréhorenteuc, Tel. 02 97 93 05 12, tourisme@valsansretour.com, www.valsansretour.com. Juli/Aug tgl. 9-18, Sep-Juni 9.30-12.30 u. 14-17.30 Uhr (im Winter So u. Mo geschl.)].
Ein Abstecher in die Kirche lohnt sich, denn sie ist mit Darstellungen aus der Artussage geschmückt. Im Office de Tourisme bekommen Sie Literatur zu Kirche und zur Brocéliande (auch auf Deutsch) oder Sie können sich geführten Touren anschließen. Noch ein knapper Kilometer Fahrt, dann ist der Parkplatz erreicht, von dem aus es zum Tal ohne Wiederkehr geht.
Wer Lust auf eine kleine Wanderung hat, wählt den Weg links vom Parkplatz, auf dem man nach etwa eineinhalb Kilometern das sagenhafte Tal erreicht. Zunächst führt der Pfad leicht bergauf, um schließlich über Stufen hinunter zur Schlucht zu gelangen. Alle, die es bequemer lieben oder einen Kinderwagen zu schieben haben, schlagen den Weg ein, der rechts vom Parkplatz in Morganes Reich führt. Auf diesem ist man in Begleitung eines leise plätschernden Bachs schon nach 400 Metern am Ziel.
Still und dunkelgrün liegt zwischen den Bäumen ein kleiner Weiher, der sogenannte „Feenspiegel". Rings um ihn unterbrechen zahlreiche Felsen die zauberhafte Wald- und Heidelandschaft. Der Legende nach sind sie ein Werk Morganes: Aus Wut und Enttäuschung über einen Seitensprung ihres Liebhabers verwandelte sie ihn zu Stein und daraufhin auch alle anderen untreuen Männer, die das Tal durchquerten; den zahlreichen Felsen nach zu schließen, waren das nicht wenige. Erst nach vielen Jahren gelang es Lancelot, einem (stets treuen) Ritter der Tafelrunde, die armen Teufel aus ihrem felsigen Gefängnis zu befreien.

Ein goldener Baum

Bevor Sie mit Ihren Kindern den Pfad erkunden, der um den Feenspiegel führt, ist Zeit für eine kleine Pause auf einer der Bänke. Bei dieser Gelegenheit können Sie den berühmten goldenen Baum bewundern, der sich links vom See in den Himmel reckt, inmitten eines Felds von vielen kleinen Steinen und umgeben von fünf schwarzen Baumstümpfen. Dies ist ein Werk des Künstlers François Divan und soll nach dem letzten Waldbrand 1990 an den großen Wert, den das dichte Grün für Mensch und Natur hat, erinnern.
Weiter geht die Fahrt zur **Fontaine de Barenton** (siehe Kasten S. 77). An dieser Quelle traf Merlin vor langer Zeit seine große Liebe Viviane. Merlin, bis über beide Ohren verliebt, verriet ihr nach und nach seine Zaubergeheimnisse, bis auf eines. Doch Viviane ließ nicht locker, und

schließlich offenbarte der Liebestrunkene auch sein allerletztes Geheimnis und besiegelte damit sein Schicksal: Um ihn für immer an sich zu binden, sprach Viviane den großen Bann aus und sperrte Merlin in einen neunfachen Kreis aus undurchdringbarer Luft. In diesem wartet der unsterbliche Magier und Ahnherr aller Druiden nun auf das Ende der Zeit.

Zur Zauberquelle

Um zu dem Ort zu gelangen, an dem Merlin diese schicksalhafte Begegnung hatte, fahren Sie zurück nach Tréhorenteuc und weiter auf der D141 bis zur ausgeschilderten Abzweigung. Hinter dem Weiler La Folle-Pensée befindet sich ein Parkplatz. Folgen Sie dem breiten Weg, bis rechts ein weiterer Pfad abzweigt, der jedoch bis auf einen kleinen Durchgang am rechten Rand mit Steinen versperrt ist. Diesen Durchgang müssen Sie nehmen, und bald geht es ein Stück bergauf. Zu beiden Seiten wächst Farn und Ilex, ein immergrüner Strauch, dessen rote Beeren und zipfelige Blätter beliebte Zutaten in Weihnachtsgestecken sind. Nach zehn Minuten wird der Weg breiter

Regenzauber

*Wer selbst auf Merlins zauberhaften Spuren wandeln möchte, muss einfach etwas Wasser aus der **„Fontaine de Barenton“** schöpfen und auf die Felsplatte neben der Quelle schütten. Nicht lange danach werden, so besagt die Legende, Gewitterwolken aufziehen, denn der Fels ist „Merlins Gewitterstein“...*

Lust auf ein wenig Magie? Einfach Wasser auf diese Quelle schütten!

und führt noch mal ein kleines Stück bergauf, bis rechts eine Abzweigung kommt, die mit roten Pfeilen markiert ist. Auf den letzten Metern folgen Sie den Pfeilen, und bald ist ein leises Gluckern zu hören. Sie stehen nun vor der Quelle, der heilende Kräfte nachgesagt werden und mit deren Hilfe ein Regenzauber (siehe Kasten) ausgelöst werden kann.

Nach einiger Zeit werden Sie kleine Bläschen aufsteigen sehen, die von einem leicht sprudelnden Geräusch begleitet werden – so als würde Wasser kochen. Wer das erlebt – so heißt es – hat einen Wunsch frei. Für alle, die eher einer wissenschaftlichen Erklärung trauen: Die Blasen werden durch Stickstoff im Erdinneren verursacht.
Zeit für eine Mittagspause? Die lässt sich am besten in **Paimpont** verbringen. Folgen Sie den Schildern, die Sie über die D141 und D40 zurück in die „Hauptstadt" der Brocéliande bringt. Hier warten eine Handvoll Crêperien und Restaurants auf hungrige „Sagenforscher" (siehe Kasten). Und zur Verdauung bietet sich ein Spaziergang am See an.

Merlins Grab

Satt und ausgeruht? Dann ist es an der Zeit, **Merlins Grab** zu besuchen. Diesmal verlassen Sie Paimpont in Richtung Norden auf der D71. Nach 20 Minuten gemütlicher Autofahrt folgen Sie der Beschilderung „Tombeau de Merlin" und biegen links ab. Nach weiteren zehn Minuten sehen Sie linker Hand am Waldrand einen Parkplatz. Diesmal führt der Weg über die Straße in die Heide. Schon nach ein paar Schritten haben Sie Merlins letzte Ruhestätte erreicht, in der er, von Vivianes Zauber gebannt, auf seine Erlösung wartet. Das Grab, das vor etwa 5.000 Jahren als Dolmengang angelegt wurde, ist noch heute eine Kultstätte. Auf dem Stein liegen aus Ginster und Heidekraut gewundene Kränze, zwischen den Ritzen stecken zusammengefaltete Wunschzettel, und um die mit vielerlei Symbolen verzierten Stämme der drei Bäume sind bunte Bänder und Tücher geschlungen.

Sprunghafte Verjüngung

Die letzte Station im Sagenwald ist wieder eine Quelle, die **Fontaine de Jouvence** (Jungbrunnen) in unmittelbarer Nähe von Merlins Ruhestätte. Folgen Sie dem Weg rechts vom Grab, bis er vor einem eingezäunten Grundstück endet, und gehen Sie dann links am Zaun entlang. Schon nach ein paar Metern stoßen Sie auf die Quelle, der verjüngende Kräfte nachgesagt werden. So ganz mag man es nicht glauben, wenn man das kleine Rinnsal sieht, das sich auf dem weichen Waldboden entlangschlängelt,

Crêpes mit Seeblick

Köstliche Crêpes und Galettes bekommen Sie in der Crêperie „La Fée Gourmande" direkt am Ortseingang von Paimpont. Während Sie auf der überdachten Terrasse die süßen oder pikanten Pfannkuchen genießen, können Sie den Enten und Booten auf dem See zugesehen. Ihre Kinder haben nach dem Essen die Möglichkeit, auf der großen Wiese herumzutollen.
***Crêperie La Fée Gourmande**: 16, Avenue Chevalier Ponthus, 35380 Paimpont, Tel. 02 99 07 89 63. www.creperie-la-fee-gourmande-paimpont.fr. Juli/Aug tgl. durchgehend (Reservierung ratsam), 13.-30. Juni und 5.-25. Sep sowie in den Schulferien (außer im Winter) Mi-So, das übrige Jahr Fr-Abend-So-Abend. Evtl. Öffnungszeiten telefonisch erfragen.*

Wunschzettel für Merlin

Trotz des Bannes ist Merlins Zauberkraft natürlich ungebrochen. Das bedeutet, dass er guten Menschen immer noch einen Wunsch erfüllt. Schaden kann es jedenfalls nicht, einen Wunschzettel in Merlins Grabplatte zu stecken. Wer sein Zettelchen nicht schon zu Hause geschrieben hat, sollte auf jeden Fall Stift und Papier auf den Ausflug mitnehmen. Eventuell liegen Schreibutensilien auch in einem kleinen Kästchen am Baum hinter dem Grab.

aber das Überspringen der Quelle soll ewige Jugend garantieren. Die Quelle ist leicht zu überspringen, und kein Familienmitglied sollte den kleinen Hüpfer auslassen. Tatsächlich haben derartige „Verjüngungsübungen" auch in vergangenen Zeiten aus tatterigen Greisen keine kräftigen Jünglinge gemacht.
Stattdessen wurden die Neugeborenen jedes Jahr in der Nacht der Sommersonnenwende mit einer an dieser Quelle stattfindenden Zeremonie in das Geburtsregister eingetragen. Während ringsum mehrere Feuer brannten, wurden die Babys vom Pfarrer in der Quelle gewaschen und ihr Name ins Register geschrieben. Kinder, die aus irgendwelchen Gründen nicht im ersten Lebensjahr an der Zeremonie teilnehmen konnten, wurden erst im nächsten Jahr registriert – und so kam es zur Verjüngung der betroffenen Erdenbürger um ein Jahr.

Wer noch mehr über Merlin & Co erfahren möchte, macht auf dem Rückweg einen Abstecher nach **Comper** (von Merlins Grab auf der D31 Richtung Concoret). Im dortigen Château de Comper, das übrigens an dem See liegt, auf dessen Grund Viviane in einem kristallenen Palast lebte, ist heute das **Centre de l'Imaginaire Arthurien** beheimatet [Château de Comper-en-Brocéliande, 56430 Concoret, Tel. 02 97 22 79 96, contact@centre-arthurien-broceliande.com, www.centre-arthurien-broceliande.com. Juli/Aug tgl. 10-19, März-Juni u. Sep/Okt Mo u. Do-So 10-17.30 Uhr. Erw. € 7, Kinder (4-10 J.) € 4, (unter 4 J.) kostenlos].
Dessen Mitglieder haben sich der Artussage mit Haut und Haaren verschrieben und im Schloss eine Ausstellung mit einer spektakulären Dioramenshow auf die Beine gestellt, die zum Abschluss die Sagengestalten lebendig werden lässt.
Wer in den Pfingstferien in die Betagne reist, kann hier ein mittelalterliches Spektakel erleben, das an den Krönungstag von König Artus erinnern soll.

Wünsch dir was! Viele Zettelchen mit Wünschen zieren Merlins Grab

Tour 10: Pfade durchs Großstadt-Labyrinth – im Herzen von Paris

Notre-Dame • Pont Neuf • Louvre • Tuileries-Gärten • Place de la Concorde • Champs-Èlysées • Triumphbogen • Eiffelturm

Wo: durch das Zentrum von Paris – Wie: zu Fuß, mit dem Bus, der Métro und dem Schiff – Dauer: Tagestour – Nicht vergessen: Métrotickets, Stadtplan, Trinkwasser

Paris besteht aus Hunderten von kleinen Dörfern, „quartiers" genannt, von denen sich viele noch ihren ursprünglichen Charakter bewahrt haben. Einige dieser Quartiers lernen Sie auf diesem Spaziergang kennen. Keine Angst vor endlosen Straßenschluchten: Die Stadt hat ein ausgezeichnetes öffentliches Verkehrsnetz, und wenn Kinderfüße zu müde zum Weiterlaufen sind, ist die nächste Bushaltestelle oder Métrostation nicht weit [Office de Tourisme et des Congrès de Paris, 25, Rue des Pyramides, 1. Bezirk, 75001 Paris. Métro: Pyramides, Tel. 01 52 42 63, www.parisinfo.com. 1. Mai geschlossen, 2. Mai-Ende Okt tgl. 9-19, Nov-Ende April Mo-Sa 10-19. Kostenlose, übersichtliche Stadtpläne erhältlich].

Quasimodos imposante Wirkungsstätte: die Kathedrale Notre-Dame

Der Glöckner von Notre-Dame

Der ideale Ausgangspunkt für abenteuerliche Streifzüge ist der Platz vor der imposanten Kathedrale **Notre-Dame** auf der Île de la Cité [6, Parvis de Notre-Dame, Place Jean-Paul II, 75005 Paris, 4. Bezirk. Métro 4: Saint-Michel oder Cité, RER B,C: Saint-Michel – Notre-Dame, Tel. 01 42 34 56 10, www.notredamedeparis.fr. Tgl. 8-18.45 Uhr (Sa/So bis 19.15 Uhr). Eintritt frei]. Weltberühmt wurde dieses Bauwerk durch Victor Hugos Bestseller „Der Glöckner von Notre-Dame", und viele Kinder kennen es aus dem gleichnamigen Zeichentrickfilm. Wenn man die Fassade betrachtet, entdeckt man Details, etwa die Chimären (Fantasiegestalten), und kann sich vorstellen, wie Quasimodo die mächtige, 13 Tonnen schwere Glocke „Emmanuel" geläutet hat. Auch ein Blick ins Innere lohnt sich: Wunderschön sind die riesigen Rosettenfenster, durch die das Tageslicht in die Kirche dringt. Kaum

Stadtbummel-Tipps

Besorgen Sie sich einen Gratis-Stadtplan sowie Fahrscheine für die öffentlichen Verkehrsmittel in der nächsten Métrostation. Ein 10er-Block (un carnet) kostet € 14,40, für Kinder (4-11 J.) € 7,70. Ebenfalls empfehlenswert: Tageskarte „Paris Visite" (auch für 2, 3 und 5 Tage), die auch Ermäßigungen bei vielen Sehenswürdigkeiten gewährt. Tageskarte 1-3 Zonen € 12,30, Kinder (4-11 J.) € 6,10. Alle Tickets sind gültig für Métro, Stadtbahn RER und Bus.

vorstellbar, dass im 15. und 16. Jahrhundert das Hauptschiff ähnlich belebt wie eine Markthalle war und dass darin sogar gegessen wurde. Allein der Chorstuhl diente dem Gebet. In der Kathedrale sind auch Gratiskonzerte zu hören (Infos im „Pariscope", das an jedem Zeitungskiosk erhältlich ist). Wenn Sie aus der Kirche kommen, finden Sie rechts den Eingang für die Turmbesichtigung [Eingang Rue du Cloître Notre-Dame, Tel. 01 53 40 60 80. Tgl. April-Sep 10-18.30 (Juli/Aug Sa/So bis 23), Okt-März 10-17.30 Uhr (1. Jan, 1. Mai, 25. Dez geschlossen). Erw. € 8,50, Kinder (unter 18 J.) kostenlos], vor dem fast immer eine lange Besucherschlange steht. Aufmerksame Gipfelstürmer zählen 402 Stufen bis zur Turmspitze!

Von Stroh- und Pistolenzellen

Wer den Kirchenplatz überquert und rechts in die Rue de la Cité bis zur Place Louis Lepine schlendert, stößt auf einen malerischen Blumenmarkt, der sich sonntags in einen Vogel- und Kleintiermarkt verwandelt. Weiter geht es links den Quai de la Corse entlang zum Justizpalast und der **Conciergerie** [2, Boulevard du Palais, 1. Bezirk. Métro: Cité, RER C: Saint-Michel – Notre-Dame, Tel. 01 53 40 60 80, www.monuments-nationaux.fr. Tgl. 9.30-18 Uhr (Öffnungszeiten können sich ändern), 1. Januar, 1. Mai, 25. Dez geschlossen. € 8,50, erm. € 6,50, bis 17 J. frei.]. Direkt an der Ecke zum Boulevard du Palais können Sie Ihren Kindern die erste öffentliche Uhr zeigen, die in Paris 1370 installiert wurde. Die Conciergerie, der ehemalige Königspalast, wurde im 15. Jahrhundert in einen Kerker umgewandelt und diente während der Revolution als Gefängnis für die zum Tode durch die Guillotine Verurteilten, darunter Marie-Antoinette. Beeindruckend sind der 1.800 Quadratmeter große Aufenthaltsraum der königlichen Leibgarde und des Personals, die ehemalige Palastküche

Speisen auf dem Hausboot

Kleine Touris sind begeistert, wenn sie am Quai de Montebello, gegenüber der Île de la Cité, die zu Bistro- und Caféschiffen umgebauten ***Hausboote*** *(„péniches") erspähen. Der ideale Ort also für eine stärkende Pause. Am rechten Seineufer kann man an den autofreien Kais weiter an zahlreichen typischen Hausbooten vorbei fast bis zum Eiffelturm schlendern. Eine gute Ausflugsvariante an heißen Tagen.*

Flanieren über die älteste Bogenbrücke von Paris: Pont Neuf

und die Kerker. Zu bestaunen sind außerdem sogenannte Strohzellen für die ärmsten Insassen, Pistolenzellen für Gefangene, die sich eine Pistole leisten konnten, und die Zellen für die Reichen. Nach der gruseligen Reise in die Vergangenheit geht es geradeaus weiter zur **Pont Neuf**, der ältesten noch erhaltenen Brücke von Paris, die 1607 von Henri IV. eingeweiht wurde. Eine Grünanlage, der Square du Vert-Galant, erstreckt sich hinter dem Reiterstandbild von König Henri IV., dem „immergrünen Frauenhelden". Der Platz lädt zu einer Picknickpause ein.

Tierisch

Nun lohnt ein Abstecher zum Quai de la Mégisserie. Auf etwa 300 Meter Länge reiht sich hier eine Tierhandlung an die andere. Auf der gegenüberliegenden Straßenseite entdeckt man die für Paris so typischen „Bouquinistes", deren grüne Stände direkt an den Ufermauern befestigt sind. Alte Bücher, Postkarten und vieles mehr können Stöberer erstehen. Zurück geht es entlang des Quai du Louvre, an dem sich auf einer Länge von 800 Metern der Louvre erstreckt.

Das größte Museum der Welt

Einst Königspalast und Sitz des Finanzministeriums, ist der **Louvre** [1. Bezirk, Métro: Palais-Royal/Musée du Louvre, Haupteingang an der Glaspyramide, Tel. 01 40 20 53 17, www.louvre.fr. Mi-Mo 9-18, Mi u. Fr abends bis 21.45 Uhr, 1. Jan, 1. Mai, 25. Dez geschlossen. € 15, freier Eintritt für Kinder unter 18 J. u. zwischen April-Sep am 1. So im Monat] heute eines der größten Museen der Welt. Seine Kunstsammlung umfasst 460.000 Exponate, von denen 38.000 ausgestellt sind. Gehen Sie durch das große Portal an der 120 Meter langen Fassade in den Cours. Hinter dem nächsten Portal erblicken Sie die weltberühmte, vom amerikanischen Architekten Ieoh Ming Pei erbaute und 1989 eingeweihte Glaspyramide sowie die Springbrunnen. Falls Sie sich und Ihren Kindern die lange Wartezeit ersparen möchten, gehen Sie direkt durch die luxuriöse Einkaufsgalerie Carrousel du Louvre (tgl. 10-20 Uhr), die sich in der Rue de Rivoli Nr. 99 befindet. Über die Rolltreppen hinunter, an der kleinen, umgekehrten Glaspyramide vorbei, erreichen Sie den Haupteingang zum Museum. Geheimtipp: der „Tastraum", der speziell für Sehbehinderte und Blinde in der Galerie Donatello eingerichtet wurde. Kinder sind begeistert von der sonst verbotenen Möglichkeit, 20 Skulpturen mit den Händen zu ertasten. Der Klassiker, die „Mona Lisa" (La Jaconde), befindet sich übrigens im Denon-Flügel. Wenn Sie den Louvre durch die Glaspyramide verlassen und in Richtung Westen auf den kleinen Triumphbogen (Carrousel du Louvre) zugehen, entdecken Sie ein Beispiel genialer Städteplanung: In einer Achse erblicken Sie den Obelisken

Schildkröten unter den Sohlen

Wer asiatische Küche liebt, wird im Restaurant Dragons Elysées seine helle Freude haben. Die Küche ist ausgezeichnet, und Kinder werden sich kaum langweilen. Unter dem gläsernen Fußboden tummeln sich große Goldfische und Schildkröten im Wasser. Kleine Wasserfälle plätschern die Wände herunter, und man fühlt sich selbst wie in einem Aquarium. ***Dragons Elysées****: 11, Rue de Berri, Tel. 01 42 89 85 10 (reservieren!), Métro: George V. Tgl. 12-14.30 u. 19-23.30 Uhr.*

am Place de la Concorde, den großen Triumphbogen am Ende der Champs-Elysées und weit hinten am Horizont einen Teil der Grande Arche von La Défense, des modernen Triumphbogens. Hier beginnen auch die **Tuileries-Gärten**, eine Oase der Ruhe. Die Erwachsenen mögen die im Garten verstreuten Statuen, die Kinder eher die mit Karpfen gefüllten Wasserbecken. Bei Schönwetter kann man Spielzeugboote mieten und auf Eseln und Ponys reiten. Hinter den schattigen Kaffeeterrassen befinden sich ein Spielplatz und ein Karussell. Nächste Station ist der **Place de la Concorde**.

Platz der tausend Ereignisse

Welche Bedeutung hat wohl der heute im Zentrum des Platzes aufragende Obelisk? Das 3.000 Jahre alte Monument aus Luxor ist ein Geschenk Ägyptens an Frankreich als Dank für die Entzifferung der Hieroglyphen. Rund um den Platz verkörpern außerdem acht riesige Frauenstatuen die größten Städte Frankreichs. An der nördlichen Seite des Platzes, vor dem berühmten Hotel Le Crillon, fahren Sie mit dem Bus die zwei Kilometer lange **Champs-Elysées** entlang bis zum Triumphbogen. Der untere Teil dieser berühmten Prachtstraße führt vorbei an Parkanlagen, Theatern und Luxusrestaurants aus der Belle Époque, später setzt sich die Champs-Elysées als elegante Geschäftsstraße mit vielen Passagen fort. Tipp für Liebhaber schöner Düfte: Werfen Sie einen Blick in das ultramoderne Parfumgeschäft **Sephora** [70, Ave. des Champs-Elysées, 8. Bezirk, Tel. 01 53 93 22 50, www.sephora.fr, Métro: Franklin Roosevelt, George V. Tgl. 10-23.30 Uhr]. Sie und Ihre Kinder können sich hier durch 1.001 Parfumsorten schnuppern.

Ein Stern mit zwölf Zacken

Von der rechten Seite der Champs-Elysées kommend erreicht man durch die Unterführung den majestätischen **Triumphbogen** [Place Charles de Gaulle, 8.

Weltberühmt: die Glaspyramide des Architekten Ieoh Ming Pei

Tolles Tüteneis

Für Naschkatzen gibt es bei ***Berthillon****, dem angesehenen Traditionsbetrieb, das beste Eis von Paris. Sogar im Winter stehen die Pariser Schlange, um die Sorbets zu verkosten. Berthillon: 31, rue Saint-Louis-en-l'Île, Tel. 01 43 54 31 61, www.berthillon.fr. Métro: Pont Marie, Cité. Mi-So 10-20 Uhr.*

Bezirk, Métro/RER A: Charles de Gaulle Etoile, Tel. 01 55 37 73 77, www.monuments-nationaux.fr. Tgl. April-Sep 10-23, Okt-März 10-22.30 Uhr, 8. Mai, 14. Juli u. 11. Nov nur nachm., 1. Jan, 1. Mai u. 25. Dez geschlossen. Erw. € 12, ermäßigt € 9, Kinder unter 18 J. frei]. Wenn Sie den Aufzug nicht benutzen, sind es 284 Stufen bis zur Aussichtsterrasse. Von hier kann man die zwölf sternförmig angelegten Boulevards am besten überblicken. Von der Haltestelle in der Avenue de Wagram gelangen Sie mit dem Bus zur Place du Trocadéro. Über Treppen, an einem riesigen Wasserbecken mit Springbrunnen und Parkanlagen vorbei, geht es hinab zur Seine.

Gustave Eiffels Meisterstück

Was wäre Paris ohne **Eiffelturm**? Diese von Gustave Eiffel geplante Stahlkonstruktion wurde 1889 anlässlich der Weltausstellung eröffnet [5, Ave. Anatole France, Champ de Mars, 7. Bezirk, Métro: Bir-Hakeim, RER C: Champ de Mars–Tour Eiffel, Tel. 01 44 11 23 23, www.toureiffel.paris. Mitte Juni-Anf Sep u. Ostern u. Frühjahrferien 9-24, Sep-Mitte Juni 9.30-23 Uhr (letzter Einlass Treppenaufgang Juni-Sep um 24, sonst 18 Uhr). Aufzug (gültig bis 2. Stock): Erw. € 11, unter 25 J. € 8,50, Kinder (4-11 J.) € 4, Aufzug bis zur Spitze: Erw. 17, unter 25 J. € 14,50, Kinder (4-11 J.) € 8. Treppenaufgang (bis in den 2. Stock): Erw. € 7, unter 25 J. € 5, Kinder (4-11 J.) € 3, unter 4 J. frei]. Trotz der langen Schlangen lohnt es sich auf alle Fälle, zumindest bis zum zweiten Stock (115 Meter) hinaufzufahren. Im ersten Stock befindet sich das Gästebuch, in dem sich alle berühmten Besucher verewigt haben. Wer den Aufzug nach ganz oben nimmt, hat an wolkenfreien Tagen einen atemberaubenden Blick. Vom 324 Meter hohen Turm sieht man bis zu 67 Kilometer weit. Am Fuße des Turms erreichen Sie per Stadtbahn RER C in nur wenigen Minuten den Ausgangspunkt der Tour, die Station Saint-Michel Notre-Dame.

Schiffsrundfahrt

Am Hafen vor dem Eiffelturm befindet sich eine der Anlegestellen der ***Bateaux Parisiens****. Dort können Sie sich bei einer einstündigen Rundfahrt auf der Seine einen Überblick über Paris verschaffen. Port de la Bourdonnais, linkes Seineufer, Tel. 01 76 64 14 45, www.bateauxparisiens.com. Métro: Trocadéro, Bir-Hakeim, RER C: Champ de Mars–Tour Eiffel. Erw. € ab 14, Kinder (3-11 J.) ab € 6. April-Sep 10-22.30, Okt-März bis 22 Uhr, jede halbe Stunde.*

DIE TOLLSTEN ATTRAKTIONEN FÜR KINDER

Disneyland Paris – eintauchen in fantastische Welten

Kinder und auch Erwachsene, die sich danach sehnen, in die fantastische Disney-Welt einzutauchen, haben im Disneyland Paris seit 1992 Gelegenheit dazu. Ausgeschlafene sollten das beliebteste Kurzurlaubsziel Europas – 32 Kilometer östlich von Paris gelegen – schon früh am Morgen ansteuern und sich eine ganz besondere Spezialität gönnen: ein Frühstück mit Micky & Co. in einem der sieben passend zu den verschiedenen Welten des Disney-Kosmos gestalteten Hotels rund um das Resort. Bestens gestärkt kann die ganze Familie danach den Trip im Disneyland Park auf der Main Street USA starten. Die Straße wurde einer amerikanischen Kleinstadt nachempfunden mit urigen Shops und zahllosen Restaurants zum Stöbern, Flanieren und Pausieren. Täglich um etwa 17.30 Uhr findet auf der Main Street auch die „Disney Magic on Parade" mit den beliebten Disney-Stars statt. Übrigens muss niemand die 1.943 Hektar zu Fuß erkunden – nostalgische, von Pferden gezogene Straßenbahnen, eine echte Dampflok mit offenen Waggons, Oldtimer und sogar ein Mississippi-Dampfer stehen als stilechte Transportmittel zur Verfügung.

Die neue Jedi Training Academy: Mit dem Lichtschwert gegen das Böse

Fünf Länder voller Attraktionen

Die Wege führen von der Central Plaza in die fünf exotischen Länder der Disney-Welt. Neben der Kleinstadt amerikanischen Zuschnitts ist dies zum Beispiel das „Adventureland", das kleine Draufgänger begeistern wird. Denn dort können sie nicht nur wie Indiana Jones eine Tempelruine im Dschungel erkunden, sondern sich auch auf zwei Piratenspielplätzen austoben, die an den Film „Fluch der Karibik" erinnern. Andere Länder sind die Wildwest-Stadt „Frontierland" mit Schießbude und Geisterbahn und das in die Zukunft weisende „Discoveryland" mit Spielautomaten, futuristischen Autos und Laser-Schießstand, zu dem auch Star-Wars-Attraktionen gehören, die Star Tours heißen. Junge Gäste können hier seit 2015 in der Jedi Training Academy den Umgang mit dem Lichtschwert erlernen, um sich anschließend mit dem Bösen auf der Bühne zu messen, natürlich auch mit Darth Vader. Das märchenhafte „Fantasyland“, dürfte vor allem jüngeren Besuchern gefallen. Hier können sie Prinzessinnen kennenlernen, eine Bootsfahrt durch ein märchenhaftes Miniaturland machen, Karussell fahren oder wie Alice im Wunderland durch ein Labyrinth gehen.

Ausflug in die Welt des Films: Walt-Disney-Studios

Die Walt-Disney-Studios wurden 2002 direkt neben dem Disneyland eröffnet. Entlang des Boulevards spielen Hollywood-Schauspieler bekannte Szenen aus Musikfilmen nach. Setzen Sie sich einfach in die Tram, und lassen Sie sich hinter die Kulissen, zu Requisiten und Kostümen zahlreicher Filmproduktionen chauffieren. Seit 2014 gibt es eine neue Fahrbahnattraktion, die die Abenteuer der vorzüglich kochenden Ratte Rémy in einer Pariser Küche in Szene setzt – und zwar überweigend virtuell. Wer nach Schlangenstehen vor der Küchentür endlich in eins der sechs schienenlosen Ratmobile steigt, jedes programmiert für mehr als 70 verschiedene Wege, kann durch die Ratatouille-Restaurantwelt brausen und sich darin mit großen Augen in den Anblick von medizinballgroßen Orangen oder Monsterfischen in der Speisekammer verlieren.

Einmal Prinzessin im rosa Dornröschenschloss sein

***Disneyland Paris:** tgl. 10-19 Uhr, im Sommer auch länger. Detaillierte Infos und Öffnungszeiten unter Tel. 069-13 80 41 07, www.disneylandparis.de oder im Reisebüro. Die Tickets (z.B. ein Tag, ein Park: Erw. ab € 47, beschränkt auf bestimmte Tage, etwa Wochentage, Kinder (3-11 J.) € 40) berechtigen zum kostenlosen Besuch aller Attraktionen und Shows (mit wenigen Ausnahmen). Gruppenermäßigungen, Kombitickets für Disneyland und die Walt-Disney-Studios sowie Pauschalarrangements inkl. Übernachtungen möglich.*

Village Gaulois

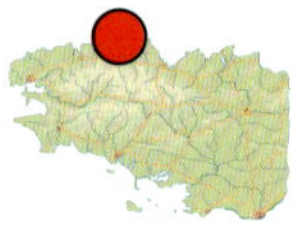

Cosmopolis, eine stillgelegte Satellitenstation, ist nicht nur Zuhause für ein Planetarium, sondern auch für „Le Village Gaulois" – einem Dorf wie zu Asterix' Zeiten. Statt einem braucht man jedoch hier rund hundert „Gallier", um einen Hinkelstein aufzurichten. Zupackende Hände und helle Köpfe werden auch beim Anrühren des legendären Zaubertranks, beim Seilflechten, Münzenprägen oder beim Bau von Lehmhäusern benötigt. Wer sich sportlich betätigen möchte, kann seine Kräfte beim Tauziehen unter Beweis stellen. Zur Entspannung winkt eine kleine Kahnpartie auf dem Dorfweiher. Und warum mischen sich unter die gallischen Lehmbauten auch einige afrikanische Rundhütten? Der im „Village" erwirtschaftete Erlös kommt westafrikanischen Schulen zugute.

Wie wohnten Asterix und Obelix? Eine Paddeltour am gallischen Dorf

Von Sternen und Satelliten

Technikfans sind im „Cosmopolis" richtig. Im Fernmeldemuseum „Cité de Télécoms" lernen sie etwa, wie Satelliten funktionieren, und im Planetarium begeben sie sich auf eine Reise durch unser Sonnensystem.

***Cité de Télécoms**: Tel. 02 96 46 63 80, www.cite-telecoms.com. April-Sep u. Ferien Mo-Fr 10-18, Sa/So 14-18 (Weihnachtsferien nur nachmittags), Juli/Aug tgl. bis 19 Uhr (Lichtshow auch auf Deutsch tgl. 14.30 Uhr). Erw. € 7,50, Kinder (12-17 J.) € 4,50, Familien (2 Erw., 2 Kinder) € 19,50,jedes weitere Kind € 3.*

***Planétarium de Bretagne**: Tel. 02 96 15 80 30, contact@planetarium-bretagne.fr, www.planetarium-bretagne.fr. Juli/Aug tgl. Mo-Sa 9.30-18, So 10-12.15, in der Nebensaison tgl. Mo-Fr 9.30-12.15, Sa 14.15-17.30 Uhr, So geschl. (Zeiten der Vorführungen telefonisch erfragen). Erw. € 7,50, Kinder (5-17 J.) € 6, Familien (2 Erw., 2 Kinder) € 21, für jedes weitere Kind € 3.*

***Village Gaulois:** Parc du Radôme, 22560 Pleumeur-Bodou, Tel. 02 96 91 83 95, contact@levillagegaulois.org, www.levillagegaulois.org. April-Sep So-Fr 12-18 Uhr (Sa geschl.), Juli/Aug tgl. 10.30-19 Uhr. Erw. € 6, Kinder € 4,50, (unter 3 J.) frei.*

***Anfahrt:** D21 bis Pleumeur-Bodou, Beschilderung „Cosmopolis" folgen.*

Auf dem Wasserspielplatz Aquatico können sich die Kinder ein Abkühlung holen

La Récré des Trois Curés

Hier springen Kinder hoch in die Luft – vor Freude über einen Tag im Freizeitpark und weil die Riesentrampolins keine kleinen Sprünge zulassen. Die Hüpferei ist aber nur eine von vielen Attraktionen. Fans von Geschwindigkeit drehen ihre Runden auf der Kartbahn oder in einem der Karussells, sausen lange Rutschen oder die 500 Meter lange Bobbahn herunter oder trauen sich in die Achterbahn. Bewegungsspaß für Groß und Klein versprechen die Tretboote, mit denen die ganze Familie auf dem kleinen See kreuzen kann. Kleinere Kinder beschäftigen sich mit den Tieren aus dem Mini-Bauernhof oder zuckeln im „Petit Train" durch den Park, bevor sie wagemutig durch die düstere Schlangenrutsche sausen. Und wenn es zwischendurch einmal zu warm wird, erfrischen sich die Kids auf dem Wasserspielplatz „Aquatico". Eine große, teilweise unter einem Zeltdach gelegene Picknickfläche, Snackbar, Restaurant und Crêperie sorgen dafür, dass keiner zu früh nach Hause gehen muss, nur weil er plötzlich Hunger bekommt.

La Récré des Trois Curés: *Les Trois Curés, 29290 Milizac, Tel. 02 98 07 95 59, www.larecredes3cures.com. Juni Sa/So u. Juli/Aug tgl. 11-19, April-Juni unterschiedliche Zeiten, 11-18/18.30 Uhr je nach Tag, Sep Mi 11-18, Sa/So bis 18.30 Uhr (weitere Öffnungszeiten in der Nebensaison im Internet). Erw. € 17 (exkl. Kart-Fahrt), Kinder (bis 11 J.) € 15, freier Eintritt für Kinder, die kleiner als 1 Meter sind. Kart-Fahrt (8 Min.): € 10.*
Anfahrt: *von Brest über D3 bis Milizac, dann den Schildern folgen.*

Océanopolis

Tauchen Sie in die geheimnisvollen Tiefen des Meeres! Im Océanopolis ist die Reise durch alle sieben Weltmeere möglich, teils im Freien, teils unter Dächern. Wer keinen ganzen Urlaubstag im Aquarium der Superlative verbringen möchte, muss den Familienrat entscheiden lassen, welche Meerestiefen erforscht werden sollen.

Von Korallenriffen ins ewige Eis

Besonders beliebt sind die vier Pavillons, die den tropischen, kalten und gemäßigten Klimazonen gewidmet sind. Im „Pavillon Tropical" bestaunen kleine und große Meeresforscher etwa das bunte Treiben in einem Korallenriff und „tauchen" mithilfe eines gläsernen Aufzugs in sieben Meter Tiefe ab, um großen und kleinen Haien direkt zu begegnen.

Kleine Haie, dickes Glas: Hier begegnet man vielen Meeresbewohnern

Meeres-Schlemmereien

Mit der Ausstellung kann auch das Gastronomieangebot im Océanopolis locker mithalten. Hungrige und durstige Gäste haben die Wahl zwischen Schnellrestaurant und Selbstbedienungsrestaurant, beide mit Blick auf die Bucht von Brest, ferner gibt es eine Bar, eine Brasserie und Stände, wo man Sandwiches oder Crêpes bekommt. Die Restaurants bieten auch kindgerechte Portionen an (Menü für Kinder ab € 6,35).

Die Bekanntschaft mit dem ewigen Eis und dessen Bewohnern, die perfekt an ihren kalten Lebensraum angepasst sind, machen Sie im „Pavillon Polaire". Nach diesem Aufenthalt wissen Sie nicht nur, was die Arktis von der Antarktis unterscheidet, sondern haben auch lustige Pinguine, gigantische See-Elefanten und verspielte Seehunde auf und unter echtem Packeis beobachtet und das Leben auf einer Polarstation kennengelernt.

Hai in Sicht!

Der dritte große Pavillon ist dem Atlantik gewidmet. Im „Pavillon Tempéré" kann man verfolgen, welche Lebewesen sich im Atlantik vor der bretonischen Küste tummeln. Auch hier gibt es von der Alge bis zum Seehund eine bunte Palette an Meeresbewohnern zu bestaunen, manche

darf man sogar anfassen. Und wer bisher dachte, Haie gäbe es nur in tropischen Gewässern, wird sich wundern.
Der vierte Pavillon „Biodiversité“ veranschaulicht die Vielfalt des Lebens im Meer vor allem für Kinder. Insgesamt geht es in Océanopolis darum zu verstehen, wie die Ökosysteme der Ozeane funktionieren, wie sensibel sie sind und wie man helfen kann, sie zu schützen.
Der Spaziergang durch Meeresgärten, Videovorführungen, Präsentationen und die Fütterungen der Aquariumsbewohner runden die einzigartige Begegnung mit den Weltmeeren ab. Wer nicht nur schauen und staunen möchte, sondern detailliertere Informationen wünscht, kann sich die Besonderheiten jeder Station mithilfe eines Audioguides erläutern lassen, auch auf Deutsch.

***Océanopolis:** Port de Plaisance du Moulin Blanc, 29210 Brest, Tel. 02 98 34 40 40, www.oceanopolis.com. Juli/Aug tgl. 9-19, Anfang April-Mitte Juni u. Ende Aug-Anfang Sep tgl. 9-18, im Hochsommer bis 19 Uhr. Weitere Öffnungszeiten in der Nebensaison im Internet. Erw. € 19,80, Kinder (3-13 J.) € 12,80, (unter 3 J.) kostenlos.*

Village de Poul-Fetan

Das Village de Poul-Fetan ist ein ganzes Dorf, das seine Besucher in die „gute alte Zeit“ zurückversetzt, denn das Leben in Poul-Fetan spielt sich noch immer so ab wie vor 150 Jahren. Nicht nur Kinder bekommen große Augen, wenn sie beim Rundgang durch das Freilichtmuseum mit den schilfgedeckten Bauernhäusern den traditionell gekleideten „Dorfbewohnern“ bei ihrer täglichen Arbeit am schattigen Ufer des Blavet auf die Finger schauen. Viel zum Streicheln gibt es auch, ob Pferde, bretonische „Pie noir“-Kühe oder die typisch regionalen Heideschafe.

Alltag vor 150 Jahren

Vom Kühemelken über Wäschewaschen am Waschplatz bis zum Heueinbringen werden alle Tätigkeiten wie früher ohne Hilfe moderner Maschinen verrichtet.

Das Pferd, der Traktor früherer Zeiten, im Village de Poul-Fetan

Und auch in den Häusern geht es so authentisch zu wie auf der Dorfstraße. Beim Besichtigen der alten Häuser kann es passieren, dass Sie eine „Bäuerin" beim Butterstampfen, Brotbacken, Töpfern oder Spinnen antreffen. Neugierige Kinder, die selbst ausprobieren möchten, wie geschickt sie sich beim Melken oder bei der Butterproduktion anstellen, dürfen die Akteure gerne kurz ablösen. Voraussetzung ist aber, dass sie am Nachmittag nach Poul-Fetan kommen, denn morgens wird hier in der Regel nicht „gearbeitet".

Märchen und Musik

Welche bretonischen Märchen sich die Menschen an langen Winterabenden vor dem Feuer erzählten oder mit welcher Musik bei Festen zum Tanz aufgespielt wurde, erfahren Sie jeden Tag bei einem Besuch im Juli oder August (außer am Sonntagnachmittag). Alten Berufen, wie zum Beispiel dem des Dorfschmieds, sind die Nachmittage vom April bis September gewidmet. Wer Appetit hat, kann im Dorfbistro, bodenständige, bretonische Gerichte ausprobieren. Eine gute Gelegenheit, um Lammbraten oder die Kuchenspezialität „far breton" zu probieren.

Village de Poul-Fetan: *56310 Quistinic, Tel. 02 97 39 51 74, poulfetan@compagniedesportsdumorbihan.fr, www.poulfetan.com. Tgl. April/Mai 14-18.30, Juni u. Sep 11-18.30 Uhr (11 und 13 Uhr Einlass in die Häuser mit Führung, ab 14 Uhr Einlass in die Häuser ohne Führung), Juli/Aug 10.30-19 Uhr (11, 12 und 13 Uhr Einlass in die Häuser mit Führung, ab 14 Uhr Einlass ohne Führung), Okt-März geschlossen. Erw. € 10,80, Kinder(6-16J.) € 5.*

Bistrot Ti fanch *(Bar, Crêperie, Restaurant): Tel. 02 97 38 98 96, April-Sep tgl. geöffnet.*

Anfahrt: *D3 bis Quistinic, dort den Schildern folgen.*

Landleben hautnah

In der Bretagne gibt es noch viele weitere „Ecomusées" oder Freilichtmuseen. Wem der Weg in den Süden zu weit ist, kann das Landleben vergangener Zeiten auch in der „Village de Meneham" kennenlernen, einem Algenfischerdorf in Kerlouan im Nordwesten. Man vermutet, dass ein Herzog das Dorf Mitte des 18. Jahrhunderts bauen ließ – für Soldaten und Zöllner, die die bretonische Küste verteidigen sollten. Später lebten hier vor allem Fischer und Algenfischer. Touristen können das Dorf jeden Tag besuchen, in einfachen Steinhäusern sogar dort übernachten. Im Sommer gibt es geführte Touren, Feste und Theatervorführungen.

Village de Meneham*, Hameau de Meneham, 29890 Kerlouan, Info-Tel. 02 29 61 13 60, www.tourisme-lesneven-cotedeslegendes.fr/village-de-meneham. Genauere Öffnungszeiten der einzelnen Angebote im Internet. Eintritt frei. Anfahrt: auf der D10 nach Kerlouan.*

Forêt Adrénaline Carnac

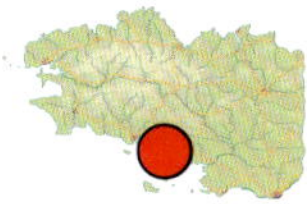

Nervenkitzel gepaart mit Nachhaltigkeit: Wer seine Kinder aufs Fahrrad packt und nicht ins Auto und zum Forêt Adrénaline Carnac radelt, etwa vom 7 Kilometer entfernten Carnac oder von Plouharnel, kann sich auf eine Ermäßigung von zwanzig Prozent im Hochseilpark freuen. Fünf Hektar groß ist das Paradies für Kraxler. Zwischen Kiefern, Eichen und Kastanien turnen kleine und große Kletterer gesichert mit Gurten und Helmen inmitten herrlich grüner Natur auf bis zu schwindelerregenden 17 Metern Höhe. Auf 13 spannenden Strecken können sich Familien zusammen auspowern, zwischendurch gibt es immer wieder kleine Rätsel und Erklärungen zur Flora und Fauna. Die ganz Kleinen zwischen 2 und 4 Jahren gehen nicht leer aus, für sie gibt es einen eigenen Trail, der nur einen Meter hoch ist. Schönes Extra: Zum Abschluss kann jeder sein Gleichgewicht auf der „Mygale" testen – eine Strecke ohne Sicherungsseil in 8 Metern Höhe. Jeder, der hier strauchelt, fällt weich – in ein 1.000 Quadratmeter großes Netz. Wer Klettermuffel ist, Höhenangst hat oder aus anderen Gründen nicht in einen Gurt steigen will, muss keinen Eintritt zahlen und kann einfach nur zuschauen oder schon mal auf der großen Terrasse mit Bänken und Tischen ein Picknick für die hungrigen Kletterer vorbereiten.

Höhenangst in acht Metern Höhe ist keine Seltenheit

***Forêt Adrénaline Carnac**, Le Hahon, 56340 Carnac, Tel. 02 90 84 00 oder carnac@foretadrenaline.com, www.foretadrenaline.com/carnac, April bis Ende Sep jeden Mi, Sa/So, Feiertage. Sommerferien (6.7.-31.8.): tgl. Touren: 10.00, 10.45 und 11.30 Uhr sowie 14.30, 15.15, 16. und 16.45 Uhr. Erw. und Jugendliche ab 16 J. € 22, Jugendliche (10-15 J.) € 18, Kinder (7-9 J.) € 14, Kinder (5-6 J.) € 10, Pitchoun (2-4 J.) € 5, Familien (2 Erw., 3 Kinder unter 16 J.) der 2. Erw. bekommt 50 % Rabatt auf den Eintrittspreis, Besucher: kostenlos.*

***Anfahrt:** von Lorient oder Vannes die N165 bei der Ausfahrt Carnac-Quiberon verlassen und den Schildern Richtung Ploëmel auf der D22 folgen. In Ploëmel 2 km der D105 Richtung Erdeven folgen bis zum Schild „Fontainebleau", danach li. abbiegen.*

Tropical Parc

Dank des milden Klimas und der geschützten Lage des Örtchens Saint-Jacut-les-Pins am Golfe du Morbihan fühlen sich im „Tropical Parc“ sogar Pflanzen und Tiere der südlichen Hemisphäre wohl. Auf über vier Hektar durchstreifen Hobbybotaniker Dschungelwälder, erschnuppern den Duft und entdecken die Blütenpracht von Orchideen und besichtigen eine thailändische Pagode, um plötzlich durch mexikanischen Wüstensand zu schreiten, aus dem mannshohe Kakteen ragen. Und zwischendurch freuen sich Alpakas und Wallabys über Streicheleinheiten. Als Abwechslung zur bretonischen Vogelwelt können große und kleine Vogelkundler „Birdwatching“ der anderen Art betreiben. Vögel aller Größen – vom Kranich bis zum Kolibri – lassen sich aus allernächster Nähe bestaunen. Den krönenden Abschluss bildet die Show mit einem Illusionisten. Er zeigt, dass Vögel und Hühner alles andere als dumm sind: Wer Fahrrad fahren, Fußball spielen und telefonieren kann, wird so doof nicht sein.

Tropical Parc: *Laugarel, 56220 Saint-Jacut-les-Pins, Tel. 02 99 71 91 98, contact@tropical-parc.com, www.tropical-parc.com. Mitte April-Mitte Sep tgl. 14-19, Mitte Sep-Mitte Okt Sa/So u. Herbstferien 14-18 Uhr. Vorstellungen: So u. Feiertage tgl., Mi u. Sa 15.30, Juli-Sep tgl. u. Sep So 15.30 Uhr (kann abweichen). Erw. € 14, Kinder (4-10 J.) € 9.*
Anfahrt: *D14 oder D153 bis Saint-Jacut-les-Pins, im Ort der weiteren Beschilderung folgen.*

Zwergpalmen und bunte Papageien im Tropical Park

Parc de Préhistoire

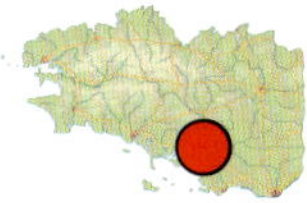

Im „Parc de Préhistoire", der nur fünf Kilometer entfernt vom „Tropical Parc"(siehe S. 94) liegt, ist ein Spaziergang durch 300 Millionen Jahre Ur- und Frühgeschichte für Kinder und Eltern ein spannendes Erlebnis. Erläuterungen an den einzelnen Stationen gibt es auch in deutscher Sprache.

Der erste Teil des vorzeitlichen Rundgangs ist den Urechsen gewidmet. Anders als im Naturkundemuseum stehen die maßstabsgetreuen Dinomodelle mitten in der Landschaft und wirken dadurch viel lebendiger. Nicht erschrecken, wenn um die nächste Ecke plötzlich ein 23 Meter großer Brachiosaurus lugt! Noch spannender wird es auf der zweiten Etappe, denn nun ist die Entwicklungsgeschichte des Menschen an der Reihe, der ja erst lange nach dem Verschwinden der Saurier auf diesem Planeten auftauchte. Wie unser ältester Ahnherr, der Homo erectus, Feuer machte, wie die Cro-Magnon-Menschen Rentiere und Mammuts jagten oder wie viele tausend Jahre später Jungsteinzeit-Menschen die ersten Menhire (siehe S. 64) in die Landschaft pflanzten, ist in sorgfältig ausgestalteten Szenen dargestellt.

Eines der ersten größeren Lebewesen in der Bretagne: der Triceratops

Urzeit-Quiz

Damit der Trip durch den Dino-Park noch spannender wird, bekommt jedes Kind an der Kasse einen Bogen mit Fragen zu den einzelnen Stationen, natürlich auch auf Deutsch. Am Ausgang kann kontrolliert werden, ob alle gut aufgepasst und die richtigen Antworten gefunden haben. Wer testen will, ob auch Eltern aufmerksame Besucher waren, bittet am Eingang um zwei weitere Bögen. Mal gucken, wer besser abschneidet ...

Parc de Préhistoire de Bretagne: *56220 Malansac, Tel. 02 97 43 34 17, contact@prehistoire.com, www.prehistoire.com. April-Juni tgl. 10-19, Juli/Aug bis 19.30, Sep Di-So 13-19, Okt Sa/So u. Ferien tgl. 13-18 Uhr (letzter Einlass je 2 Std. früher). Nov-März geschlossen. Erw. € 13, Kinder (4-12 J.) € 8.*

Anfahrt: *von Malansac über D21 und D134 Richtung Peillac, Schildern folgen.*

Branféré

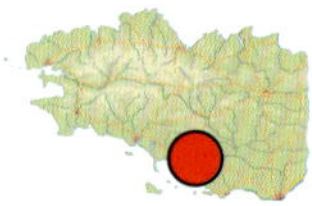

Im Schloss Branféré bei Le Guerno sind fast 1.000 exotische Tiere zu Hause, nicht in Käfigen, sondern im Park, der das Schlösschen umgibt. Das Tollste: Die Besucher spazieren auf Wegen mit niedrigen Zäunen mitten durch die bunte, längst an Menschen gewöhnte Tierwelt. Wie aber kamen Zebras, Flamingos, Lemuren, Tapire und Kängurus in den Schlosspark? Schon vor dem Zweiten Weltkrieg begannen der damalige Schlossbesitzer und Tiernarr Paul Jourde und seine Frau Hélène, eine Tiermalerin, von ihren zahlreichen Reisen Tiere mitzubringen und rund um ihr Schloss heimisch werden zu lassen. Dabei achteten sie darauf, dass die exotischen Wesen aus allen Erdteilen zusammenpassten. So gibt es im Parc de Branféré zum Beispiel keine Raubtiere, denn diese zählen zu den natürlichen Feinden anderer Parkbewohner. Dass das Konzept des Monsieur Jourde aufging und sich die vierbeinigen Schlossbewohner wohlfühlen, beweist deren Vermehrungsfreudigkeit.

Kängurus zum Anfassen

Die Bewegungsfreiheit der Tiere hat zur Folge, dass Tagesgäste wahrscheinlich nicht alle der 150 hier lebenden Arten zu sehen bekommen. Schließlich sind nicht alle Vierbeiner so zutraulich wie die Wallabys, eine kleine Känguru-Art, deren ursprüngliche Heimat Tasmanien ist. Sie fressen den Besuchern das Futter, das sie am Eingang erstehen können, buchstäblich aus der Hand. Die Devise

Wallabys fressen den Besuchern das Futter aus der Hand

dieses Zoobesuchs lautet also „Augen auf und leise sein“, dann hat man die besten Chancen auf eine bunte Tierschau. Auf keinen Fall sollten Sie vergessen, Ihren Blick ab und an nach oben zu richten, denn die Lemuren (Halbaffen aus Madagaskar) hangeln sich den ganzen Sommer über frei durch die Baumkronen. Das Schloss kann man auch besichtigen, aber nur mit Führung und erst ab einer Gruppengröße von 20 Personen. Mit dem tierischen Spektakel draußen kann es aber nur schwer konkurrieren.

Parc animalier et botanique de Branféré: *56190 Le Guerno, Tel. 02 97 42 94 66, contact@branfere.com, www.branfere.com. Anfang Juli-Aug tgl. 10-19.30, Anfang April-Anfang Juli tgl. 10-18.30, Sep/Okt 10-18, Feb-Anfang April tgl. 13-18 Uhr, Anfang Nov-Jan geschlossen. Parkeintritt: Erw. € 20 (April-Okt)/€ 16,50 (Feb-April), Jugendliche (13-17 J.) € 18,50 (ganzjährig), Kinder (4-12 J.) € 13,50/€ 10,50.*
Anfahrt: *von Muzillac auf der D20 Richtung Péaule, nach ca. 7 km links abbiegen nach Le Guerno. Dort den Schildern „Parc Zoo Branféré“ folgen.*

Les Aquatides

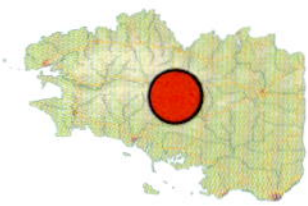

Falls es regnen sollte, sollten Sie Badesachen und Ihre Familie ins Auto packen und von der Küste weg ins Herz der Bretagne fahren. Denn hier, fernab vom Meer, befindet sich ein Erlebnisbad, in dem alle Familienmitglieder ihre gute Laune wiederfinden. Da wäre zunächst die 70 Meter lange Rutsche, an deren Ende das spritzige Eintauchen in 28 Grad warmes Wasser steht, oder ein „Flusslauf" in dessen Strudel auch die besten Schwimmer feststellen, dass sie nur ein paar Meter vorankommen. Bevor sich Frust ausbreitet, sollten sich die Freizeitplanscher in einen der Pools begeben, um nach Herzenslust schwimmen, tauchen oder relaxen zu können. In der oberen Etage gibt es Saunen und Entspannungsräume. Für die ganz Kleinen gibt es das „Bout d' Chou" – ein ungewöhnliches Planschbecken: Aus kleinen Düsen blubbert und sprudelt es in sanfter Weise. Ein Eis, eine Portion Pommes oder ein Stück Kuchen in der Cafeteria sorgen dafür, dass die Sonne zumindest in den Herzen wieder scheint.

Les Aquatides: *Les Livaudières, 22600 Loudéac, Tel. 02 96 66 14 40, contact@cideral.fr, www.cideral.com. In den Ferien Mo 14-20, Di-Sa 10-12.30, nachmittags Di u. Fr 14-19, Mi u. Do bis 20, Sa bis 18, So 10-13 u. 14.30-17.45 Uhr. Erw. € 4,20 (€ 7 mit Sauna), Kinder (4-18 J.) € 3,80, unter 4 J. frei.*
Anfahrt: *D700 oder N164 bis Zentrum Loudéac, den Schildern folgen.*

Wenn es draußen regnet, geht der Badespaß im Hallenbad weiter

Château de Josselin

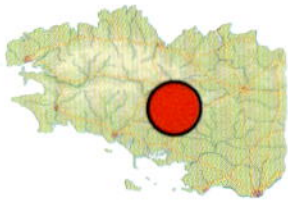

Von außen wirkt das Château wie eine Burg aus dem Märchenbuch. Die Familie Rohan, der das Château seit fast 600 Jahren gehört, wohnt auch heute noch hier. Weil so ein großes Anwesen auch für Adlige kein billiges Wohnvergnügen ist, sorgen die Besucher mit ihrem Eintrittsgeld dafür, dass den Rohans nicht das Dach über dem Kopf einstürzt. Zum Dank dürfen sie sich im Erdgeschoss umsehen und einen Blick in Speisesaal, Salon und die Bibliothek werfen.

Adlige Puppenstube

Für Kinder mindestens so spannend wie die Wohnumstände des Hochadels ist die in den ehemaligen Stallungen untergebrachte Puppensammlung („Musée de Poupées et jouets"). Wo einst edle Rösser schnaubten, geben sich heute etwa 600 Puppen aus mehreren Epochen und Materialien, wie Porzellan, Holz oder Zelluloid, ein stummes Stelldichein. Daneben ist noch anderes Spielzeug wie Kreisel, Brettspiele und üppig ausgestattete Puppenstuben zu sehen.

Mittagessen mit Aussicht

Hungrig vom Staunen und Herumschlendern? Ein sättigendes Mittagessen mit herrlichem Blick auf das Schloss und den Kanal Nantes à Brest verspricht die Bar und ***Crêperie de la Marine****. Hier gibt es eine Terrasse, auf der man neben der Aussicht auch den Sonnenschein genießen kann.*

Crêperie de la Marine: 8, Rue de Canal, 56120 Josselin, Tel. 02 97 22 21 98, www.lamarienejosselin.com. Ganzjährig Di-So jeweils ab 12 u. 19 Uhr, Juli/Aug tgl.

Ein echtes Schloss mit Burggraben, Zugbrücke und Granitfassade

Château de Josselin: *Place de la congrégation & Musée de Poupées, 3, Rue des Trente, 56120 Josselin, Tel. 02 97 22 36 45, contact@chateaudejosselin.com, www.chateaujosselin.com. Anfang April-13. Juli tgl. 11-18, 14. Juli-Aug tgl. 11-18, Sep tgl. 14-18, Okt Sa/So u. Feiertage 14-17.30 Uhr, Nov-Anfang April geschlossen. Schloss: Erw. € 9, Kinder € 5,50. Puppenmuseum: Erw. € 8, Kinder € 5,30, Schloss und Museum: Erw. € 14,80, Kinder (7-14 J.) € 8,80.*
Anfahrt: *N24 oder D764 bis Josselin.*

Fakten von A bis Z

Ankunft/Anreise

Nicht zufällig wurden Ausflüge nach Paris und Disneyland in dieses Buch integriert (siehe S. 80 und 86): Alle Wege in die Bretagne führen über die französische Hauptstadt. Da die meisten Familien mit dem eigenen PKW nach Frankreich fahren, müssen sie, wenn sie die Autobahn nutzen, die üblichen Mautgebühren zahlen. Erfreulich: In der Bretagne werden die Autobahnen von kostenfreien, zwei- bis vierspurigen Routes Nationales abgelöst. Wer mit der Bahn anreist, muss in Paris umsteigen (Gare du Nord oder Gare de l'Est). Alle Züge in die Bretagne fahren ausschließlich vom Gare de Montparnasse ab. Fahren Sie am besten mit der Métro und nicht mit dem Taxi zum Bahnhof – der Pariser Verkehr ist nicht ohne! Mit dem Hochgeschwindigkeitszug TGV (reservieren!) erreichen Sie Rennes und die von dort abfahrenden Anschlusszüge in zwei Stunden. Für Flugreisende gibt es Direktflüge von Berlin, Düsseldorf und München nach Nantes. Von dort aus können Sie einen Mietwagen nehmen. Alle anderen Flugverbindungen sind mit einer Zwischenlandung in Paris verbunden. Viele Urlauber fahren daher von Paris aus mit Mietwagen oder Zug weiter. Der TGV hält auch direkt am Flughafen.

Alle Wege in die Bretagne führen über Paris

Auskunft

In Deutschland
Atout France
Französische Zentrale für Tourismus
Zeppelinallee 37
60325 Frankfurt am Main
info.de@atout-france.fr
http://de.france.fr
Infomaterial anfordern unter:
Postfach 100128
60001 Frankfurt am Main
info.de@rendezvousenfrance.com

In Österreich
Atout France in Österreich
Prinz-Eugen-Straße 72/2.3, 1040 Wien
Tel. +43 (0)1/503 28 92
(Mo-Fr 9-16 Uhr)
info.at@france.fr, http://at.france.fr

In der Schweiz
Atout France Suisse
Rennweg 42, 8001 Zürich
Tel. +41 (0)44 217 46 00
info.ch@atout-france.fr

In der Bretagne
Comité Régional du Tourisme (CRT)
de Bretagne
1, Rue Raoul Ponchon
35069 Rennes Cedex
tourisme-crtb@tourismebretagne.com
www.bretagne-reisen.de
Alle wichtigen Informationen sind online abrufbar. Anfordern können Sie nur noch die touristische Karte der Bretagne, eine Fahrradkarte (beides auf Französisch und Englisch) sowie die Städtebroschüre der Bretagne. Der Tourismusverband CRT ist für die gesamte Bretagne zuständig. Daneben gibt es in fast jedem Ort auch staatlich organisierte Fremdenverkehrsämter (Office de Tourisme). Deren Adressen sind ebenfalls beim CRT online zu finden (unter Tourist-Informationen). Dort erhalten Sie kostenlos Stadtpläne und Infomaterial, auch in deutscher Sprache.

Zimtschnecken auf der Kühlerhaube

Wer genau hinschaut, entdeckt auf vielen Autos der Bretonen zwei seltsame Aufkleber. Einen Kreis, in dem sich drei schwarze Linien wie Zimtschnecken aufgerollt haben, und ein schlankes, weißes Tier mit einer Art Halstuch. Das Tier ist ein Hermelin, in früheren Zeiten das Wappentier der Herzöge der Bretagne. Die erste Figur nennt man Triskell, die drei Strudel stellen die Elemente Feuer, Wasser und Erde dar. Beide Zeichen symbolisieren die Bretagne. Wie stolz einige Bretonen auf ihre Herkunft sind, wird auch deutlich an den Buchstaben „BZH“, die an einigen einheimischen Autos das „F“ für Frankreich ersetzen oder ergänzen. BZH ist das Kürzel für „Breizh“, den alten keltischen Namen der Bretagne.

Autovermietung

Obwohl es in allen großen Ortschaften der Bretagne Zweigstellen internationaler Vermieter und auch regionale Anbieter gibt, sollten Sie einen Mietwagen bereits vor Reiseantritt in Deutschland buchen: Die PKW-Mietkosten in Frankreich sind hoch, und bei Buchung vor Reiseantritt können mögliche Sondertarife genutzt werden. Kindersitze sind für Kinder unter zehn Jahren Pflicht und müssen extra bestellt werden.

Babysitter

Wenn in Ihrem Hotel oder Ihrer Camping-Anlage keine Kinderbetreuung angeboten wird, kann Ihnen unter Umständen das Office de Tourisme Ihres Urlaubsorts einen Babysitter vermitteln. Wer tagsüber seine Kinder stundenweise „abgeben" möchte, kann zumindest in der Hochsaison die Angebote der vielen Strandclubs für Junioren nutzen, die ein Spiel- und Sportprogramm für Kids bereithalten (siehe auch unter „Was Eltern wissen sollten", S. 10).

Bus und Bahn

Wer zwischen den größeren Orten an der Nord-, West- und Südküste hin und her pendeln möchte, ist mit der Bahn gut bedient. Für Trips in verschwiegenere Ortschaften sollte man in Busse umsteigen. Vorsicht ist jedoch bei Ausflugsplänen für das Wochenende geboten, denn samstags und sonntags verkehren die Busse seltener. Einen Überblick über die Abfahrtszeiten von Bahnen und Bussen verschafft man sich am besten im Office de Tourisme des jeweiligen Urlaubsorts.

Camping

Es gibt allein in der Bretagne mehr als 1.000 Campingplätze. Das Spektrum reicht vom Luxusplatz mit Swimmingpool, Tennisplätzen und großzügigen Spielmöglichkeiten für Kinder bis zu naturbelassenen Plätzen, auf denen man selbst einen Warmwasserhahn vergeblich sucht. Die Plätze werden mit Sternen ausgezeichnet, wobei vier Sterne die Top-Areale kennzeichnen. Entsprechend der Ausstattung variieren auch die Preise. Generell gilt: Die vom Staat oder der Gemeinde betriebenen Plätze (Camping Municipal) sind häufig preiswerter als die privaten. Wild campen ist in der Bretagne übrigens streng verboten.
Beim CRT de Bretagne (Adresse siehe S. 101 unter „Auskunft") sind online Hunderte von Campingplätzen gelistet (unter „Wohnen"). Hier sind nicht alle Plätze erfasst, aber sehr viele – die wichtigsten Ketten sind vertreten. Hier können Sie die Ergebnisse nach Region, Preis oder Kategorie eingrenzen oder nach besonders familienfreundlichen und hochwertigen Plätzen suchen, etwa solchen, die auf Schlossgeländen liegen. Auf solche Anlagen hat sich die Kette „Camping Plus Bretagne" spezialisiert (Camping Plus Bretagne, www.campingplus.fr).

Diplomatische Vertretungen

Deutsche Botschaft in Paris
24 Rue Marbeau, 75116 Paris
Tel. 01 53 83 45 00
www.allemagne.diplo.de

Botschaft von Österreich in Paris
6, Rue Fabert, 75007 Paris
Tel. 01 40 63 30 63
paris-ob@bmeia.gv.at
www.amb-autriche.fr

Botschaft der Schweizerischen Eidgenossenschaft
142, Rue de Grenelle, 75007 Paris
Tel. 01 49 55 67 00
par.vertretung@eda.admin.ch
www.eda.admin.ch/paris

Stationen für Leihfahrräder gibt es in größeren Städten wie Rennes

Einreise

Trotz des offenen Grenzverkehrs wird an der Grenze stichprobenartig kontrolliert. Deshalb sollten Sie in Ihren gültigen Personalausweis oder Reisepass dabeihaben. Auch den Ihrer Kinder: Seit dem 26. Juni 2012 braucht jedes Kind, das ins Ausland reist, bereits ab der Geburt ein eigenes Reisedokument. Sie können nicht mehr im Pass der Erziehungsberechtigten eingetragen werden. Kinder unter zwölf Jahren bekommen einen Kinderreisepass. Ist Ihr Kind bereits zwölf Jahre alt, müssen Sie einen Reisepass oder Personalausweis beantragen.

Fahrradverleih

Fahrräder können Sie an vielen Bahnhöfen leihen. Radler werden auch in den Fahrradgeschäften fast aller bretonischen Ortschaften fündig, auch das Leihen von Kinderrädern und E-Bikes ist meist kein Problem. Kostenpunkt: ca. € 15 pro Tag für ein normales Erwachsenenrad. Wochenrabatte sind üblich.

Fundbüro

In kleineren Ortschaften wenden Sie sich bei Verlusten an die Gendarmerie, in größeren Orten und Städten ist das Fundbüro in der Regel im Rathaus untergebracht.

Geld

In Frankreich ist es normal, fast überall mit der Kreditkarte zu bezahlen, und zwar nicht nur in Hotels, Restaurants oder großen Kaufhäusern, sondern auch

Klimatabelle

	Jan	Feb	März	Apr	Mai	Juni	Juli	Aug	Sep	Okt	Nov	Dez
Wassertemperaturen in °C	10	10	10	10	12	14	15	16	15	14	13	11
Lufttemperaturen/Tag (in °C)/Nacht	9 4	9 4	10 5	12 6	15 8	18 10	20 12	20 13	18 12	15 9	11 6	9 5
Sonnenschein (in Std.) täglich	2	3	4	6	7	7	7	7	6	4	3	2
Niederschlag (Tage/Monat)	18	15	16	11	11	9	8	9	10	13	15	16

beim Bäcker oder im Supermarkt, selbst an Fahrkarten oder Parkautomaten. Ihre Karte muss dafür einen Chip und eine PIN-Nummer haben. Sie können damit auch Geld abheben. Die in Deutschland gängigen Maestro-Karten hingegen sind in Frankreich unüblich. Es kann daher passieren, dass Ihre EC-Karte mancherorts nicht akzeptiert wird.

Klima und Reisezeiten

Die Wetterverhältnisse der Bretagne sind wechselhaft. Denken Sie daher neben Bikini und Badehose auch an wetterfestere Kleidung. Als Faustregel gilt, dass an der Südküste mit weniger Niederschlag zu rechnen ist als im etwas herberen Norden.

Dank des Golfstroms ist das Klima insgesamt gemäßigt. Die Winter sind ähnlich angenehm wie die an der Côte d'Azur, weshalb in der Bretagne auch subtropische Pflanzen überwintern können. Sonnenanbeter seien jedoch gewarnt: Richtig heiß wird es nur selten. Vor allem das Wasser ist kühl.

Ab Juni erwärmt sich das Meer auf bis zu 17 Grad, im August sind die Wassertemperaturen mit durchschnittlich 20 Grad am höchsten, in geschützten Buchten können es bis zu 22 Grad werden. In diesen Monaten strömen auch die meisten Touristen in die Bretagne. Wer im Juli und August herkommen möchte, sollte rechtzeitig buchen, denn auch zahlreiche Franzosen verbringen ihre Sommerferien gerne im „Wilden Westen".

Medien

Französisch sprechende Touristen mit Interesse am lokalen Geschehen haben zwei größere bretonische Tageszeitungen zur Auswahl: „Ouest-France" und „Le Télégramme".

Populäre überregionale deutsche Zeitungen und Zeitschriften sind zumindest während der Hochsaison in größeren touristischen Orten erhältlich, in großen Städten sogar das ganze Jahr über.

Medizinische Versorgung

Grundsätzliche Informationen dazu finden Sie im Kapitel „Was Eltern wissen sollten“ auf S. 11. Fast alle Ärzte sprechen neben Französisch auch Englisch.
Bei der Hotline des ADAC-Ambulance Services (Tel. 089-76 76 76, tgl. 6-23 Uhr) erfahren ADAC-Mitglieder schon zu Hause kostenlos, wo in der Nähe ihres Urlaubsorts deutsch- oder englischsprachige Ärzte praktizieren und wo Sie im Ernstfall das nächste Krankenhaus oder eine Fachklinik finden.

Notrufe

Polizei 17 (oder 112 als europäischer Notrufdienst)
Feuerwehr 18 (oder 112)
Rettungsdienst 15 (oder 112)
Alle Nummern sind von öffentlichen Telefonzellen aus gratis anzurufen. Die Rufnummern der Notärzte variieren regional. Vom Handy aus wählen Sie die 112 – dabei aber nicht die Vorwahl Frankreichs vergessen (0033+112).

Öffnungszeiten

War es noch vor einigen Jahren üblich, dass in der Bretagne über Mittag alle Geschäfte und Einrichtungen für gut zwei Stunden geschlossen hatten, so hat sich das mittlerweile geändert.
Eine solche „Mittags-Siesta“ gibt es nicht mehr, alles ist durchgehend geöffnet.
Die Öffnungszeiten ähneln denen in Deutschland. Allerdings haben sehr viele Museen und Lokale montags ihren Ruhetag.

Post

Briefmarken („timbres“) bekommen Sie bei der Post („la poste“), an Briefmarkenautomaten oder in Tabakwaren- und Zeitschriftenläden. Postkarten, die innerhalb der EU verschickt werden, brauchen eine 75-Cent-Marke. Das Porto für Briefe beträgt € 0,95.
Achtung: Es gibt zwei Einwurfschlitze. Der eine ist für Post innerhalb des jeweiligen Départements bestimmt, der andere mit der Bezeichnung „autres destinations“ für Post ins Ausland oder in andere französische Regionen. Postämter in größeren Städten sind in der Regel Mo-Fr 9-18, Sa 9-12 Uhr geöffnet.

Sprache

Neben dem Französischen, der offiziellen, in der Schule gelehrten Sprache, verständigt man sich vor allem in der westlichen „Basse Bretagne“, die sich ungefähr westlich der gedachten Linie zwischen Vannes und Paimpol erstreckt, auch auf Bretonisch (siehe Kasten S. 106). Derartig „freies Sprechen“ war lange Zeit keine Selbstverständlichkeit, denn der französische Staat versuchte unermüdlich, den Westbretonen ihre Sprache auszutreiben.
Schüler, die auch nur während der Pause in die zu Hause übliche Sprache verfielen, wurden bis ins 20. Jahrhundert drakonisch bestraft. Erst 1951 wurde das Bretonische offiziell als Sprache anerkannt.

Sprachführer

Alltägliches

parents – Eltern
mère, père – Mutter, Vater
garçon, jeune fille – Junge, Mädchen

fils, fille – Sohn, Tochter
famille – Familie
monsieur, madame – Herr, Frau
mademoiselle – Fräulein
bonjour – guten Tag
bonsoir – guten Abend
au revoir – auf Wiedersehen
merci – danke
s'il vous plaît (je vous en prie) – bitte
Pardon! (oder: Excusez-moi!) – Entschuldigung!
Pardon? – Wie bitte?
Comment allez-vous? – Wie geht es Ihnen?
Merci, ça va. (Et vous?) – Danke, gut. (Und Ihnen?)
oui, non – ja, nein

Im Restaurant/Café

Monsieur/Madame s'il vous plaît! – Herr Ober/„Fräulein" bitte!
J'aimerais bien.../ Je voudrais bien... – Ich möchte gern
Nous aimerions bien.../ Nous voudrions bien... – Wir möchten gern
menu/carte – Speisekarte
carte des boissons/des vins – Getränke-/ Weinkarte
plat du jour – Tagesgericht
hors-d'œuvre – Vorspeise
plat principal – Hauptgericht
dessert – Nachtisch
amuse-gueule – Appetithäppchen
sel, poivre – Salz, Pfeffer
pommes frites – Pommes frites
pain – Brot
riz – Reis
salade composée – gemischter Salat
salade niçoise – Nizza-Salat
gâteau – Kuchen
glace – Eis
café au lait – Milchkaffee
café noir – Kaffee schwarz
thé – Tee
infusion – Kräutertee
bière (en bouteille) – Flaschenbier
(bière à la) pression – gezapftes Bier
vin rouge – Rotwein
vin blanc – Weißwein
jus d'orange – Orangensaft
À votre santé! – Auf Ihr Wohl!
eau gazeuse – Mineralwasser mit Kohlensäure/ Sprudel
eau minérale – Mineralwasser (ohne Kohlensäure)
lait – Milch
L'addition, s'il vous plaît. – Die Rechnung bitte.
Acceptez-vous les cartes de crédit? – Nehmen Sie Kreditkarten?

Bretonisch gefällig?

Schon wenige Wörter verdeutlichen, wie sehr sich „brezoneg" (das Bretonische) von „galleg" (dem Französischen) unterscheidet:
demat – guten Tag, hallo
kenavo – auf Wiedersehen
mar plij – bitte
trugarez deoc'h – danke euch/Ihnen
trugarez dit – danke dir
yec'hed mad – Prost! Zum Wohl!
aotrou – Herr
intron – Frau, Dame
tad, mamm – Vater, Mutter
mab, merc'h – Sohn, Tochter
breur, c'hoar – Bruder, Schwester
Breizh – Bretagne

Unterwegs
Pourriez-vous m'aider? – Können Sie mir helfen?
Où est ...? – Wo ist ...?
Connaissez-vous ...? – Kennen Sie ...?
pharmacie – Apotheke
banque – Bank
poste – Post
toilettes – Toiletten
plage, baie – Strand, Bucht
eau, mer – Wasser, Meer
piscine – Schwimmbad
grand-route – Landstraße
autoroute – Autobahn
(Est-ce que) c'est loin d'ici? – Ist das weit von hier?
à droite, à gauche – rechts, links
tout droit – geradeaus
station-service – Tankstelle
garage – Werkstatt
service de dépannage – Abschleppdienst
essence – Benzin
super – Super
sans plomb – bleifrei
gazole – Diesel
Le plein, s'il vous plaît. – Bitte volltanken.
gare – Bahnhof
station, arrêt – Station, Haltestelle
train – Zug
autobus – Bus
aller et retour – Hin- und Rückfahrt

Zahlen
zéro – 0
un – 1
deux – 2
trois – 3
quatre – 4
cinq – 5
six – 6
sept – 7

Die bretonische Flagge zieren fünf Streifen und elf stilisierte Hermelins

huit – 8
neuf – 9
dix – 10
vingt – 20
cinquante – 50
cent – 100
mille – 1.000

Strom
In der Bretagne sind elektrische Anschlüsse mit 220 Volt Wechselstrom üblich. Die in Deutschland üblichen Stecker passen meistens.

Telefon und Internet
Wenn Sie von der Bretagne aus nach Deutschland telefonieren möchten, wählen Sie erst die 0049, für Österreich 0043 und für die Schweiz 0041, dann die Vorwahl des Zielorts ohne die erste 0 und dann die Teilnehmernummer. Anrufer aus Deutschland, Österreich und der Schweiz wählen für Frankreich die 0033 und lassen bei der zehnstelligen Teilnehmernummer die erste 0 weg.

Bei Telefonaten innerhalb Frankreichs werden auch bei Ortsgesprächen die Ortsvorwahlen mitgewählt. Die zehnstelligen Nummern beginnen mit 0. Bei Anrufen vom Hotelzimmer, Restaurant oder Café aus sollten Sie mit einem Zuschlag rechnen. Alle Arten von Telefonkarten, auch für das Handy, erhalten Sie bei der Post sowie in Tabak- und Zeitschriftenläden. Wer ins Internet will, kann ein Internetcafé oder Fremdenverkehrsamt aufsuchen. Oft bieten auch Cafés kostenloses WLAN („Wi Fi gratuit") an, und an manchen öffentlichen Plätzen sind „Wi-Fi-Säulen" zu finden.

Tiere

Wenn Sie mit Ihrem Hund (oder Ihrer Katze) nach Frankreich einreisen wollen, müssen Sie einige Bestimmungen beachten: Das Tier muss genau identifizierbar sein, entweder trägt es einen Mikrochip (seit 2011) oder eine gut leserliche Tätowierung (vor Juli 2011). Außerdem müssen Sie einen Impfpass vorlegen, in dem eine Tollwutimpfung vermerkt ist, die älter als 21 Tage sein muss, aber nicht älter als ein Jahr sein sollte.
Und das Tier braucht einen europäischen Pass, der seit 2015 vom Tierarzt ausgefüllt wird. Hunde sind nicht in allen Hotels gerne gesehen, fragen Sie besser schon bei der Buchung der Unterkunft, ob jemand etwas gegen Haustiere auf Zeit hat. Allgemein sind die Franzosen sehr hundefreundlich, sie müssen jedoch auch an Stränden offiziell an der Leine geführt werden. Weitere Informationen erhalten Sie beim Deutschen Tierschutzbund, der alljährlich von Anfang April bis Mitte September eine Hotline für Urlauber einrichtet.

Deutscher Tierschutzbund e.V.
Bundesgeschäftsstelle
In der Raste 10, 53129 Bonn
Hotline 0228-604 96 27
bg@tierschutzbund.de
www.tierschutzbund.de

Trinkgeld

Auch wenn Sie in Restaurants oder Cafés auf der Rechnung den Vermerk „servis compris" (auf Deutsch: Service inbegriffen), finden, ist ein „pourboire" (Trinkgeld) durchaus üblich, etwa in Höhe von zehn Prozent des Rechnungsbetrags. Lassen Sie – auch bei Kreditkartenzahlung – einfach ein paar Münzen auf dem Tisch liegen. Auch Taxifahrern, Hotelangestellten oder Fremdenführern gibt man ein Trinkgeld. Üblich sind
€ 0,50 und € 2,30.

Die Ostfriesen Frankreichs?

Die Bewohner von Frankreichs wildem Westen galten besonders in früheren Zeiten als dörflich verwurzelte und streng katholische Einfaltspinsel und haben im Land der Feinschmecker noch heute etwa den gleichen Ruf weg wie die Ostfriesen hierzulande. Anfang des 20. Jahrhunderts gab ein Pariser Verleger diesem Vorurteil sogar Gesicht und Namen: Bécassine. Diese bemitleidenswerte Comicfigur von schlichtem Gemüt kämpft stets erfolglos mit den Tücken und Widrigkeiten des Alltags – und ist selbstverständlich eine waschechte Bretonin.

Hübsche Ferienhäuser warten in der Bretagne auf Urlauber

Vermittlung von Ferienhäusern

Für viele Familien bietet ein Ferienhaus optimale Urlaubsbedingungen: Die Kinder haben ein eigenes Schlafzimmer, es ist genug Platz, um auch Regenphasen zu meistern oder in der Küche ein Frühstück zuzubereiten und zu genießen.
Wer auf die Sommerferien angewiesen ist, ein spezielles Ziel im Auge hat und unter verschiedenen Häusern wählen möchte, sollte bereits im Dezember für das darauffolgende Jahr buchen.
Die Preise sind abhängig von der Größe und Ausstattung der Unterkunft sowie von deren Entfernung zum Meer.
Folgende Agenturen vermitteln Ferienhäuser in der Bretagne:

Brigitte Vacances
Friedrichstr. 9, 35037 Marburg,
Tel. 06421-122 42, info@bretagne.li,
www.bretagne.li
255 Häuser für 2 bis 17 Personen in der ganzen Bretagne. Eine vierköpfige Familie zahlt in der Hochsaison ab € 510 pro Woche und Haus, durchschnittlich € 850. Vermittelt werden auch Zimmer in Hotels, behindertengerechte Häuser und Gästezimmer in einem Schloss.

M.A. Bretagne
Beethovenstr. 3, 61267 Neu-Anspach,
Tel. 06081-96 13 18, info@ma-bretagne.de, www.ma-bretagne.de
Etwa 100 Häuser für 2 bis 12 Personen. Eine vierköpfige Familie zahlt in der

Hochsaison ab € 520 pro Woche und Haus, durchschnittlich € 950. Bei dieser kleinen Agentur können auch Kurzentschlossene noch Glück haben.

Inter Chalet
Heinrich-von-Stephan-Str. 25, 79100 Freiburg,, Tel. 0761-21 00 77, info@interchalet.com, www.interchalet.com
Rund 600 individuelle Ferienhäuser und Ferienwohnungen für 2-12 Personen in der gesamten Bretagne. Eine vierköpfige Familie zahlt in der Hochsaison ab € 350 pro Woche und Haus, durchschnittlich € 700. Die Preise verstehen sich zuzüglich Nebenkosten.

Hotelkette „Les Logis"
Gradmesser für die Qualität der einzelnen „Perlen" in dieser Hotelkette ist ein kleiner, braun-grüner Kamin. Einfache Häuser sind mit einem, bessere mit zwei und sehr gute Adressen mit drei dieser Symbole der Vereinigung „Logis de France" versehen. Hinzu kommen Häuser der Extraklasse, zu erkennen an dem geschwungenen L („Logis d'Exeption"). Alle Häuser sind Familienbetriebe mit persönlichem Flair und fairen Preisen. Hotels finden Sie am besten online (www.logishotels.com).
Und wenn es einmal etwas Besonderes sein soll: Beim CRT (Kontakt siehe S. 101) erhalten Sie Infos (auch online) über außergewöhnliche Unterkünfte, etwa über Baumhäuser, halb in die Erde eingelassene Hütten und spezielle Campingplätze. Oder über einen Urlaub auf einem Bauernhof – etwa über das Netzwerk „Bienvenue à la ferme" aus verschiedenen französischen Farmen.

Verkehr

Die Landstraßen der Bretagne sind in zwei Kategorien eingeteilt: in Nationalstraßen („N"), das sind zwei- bis vierspurige Schnellstraßen, und die weniger komfortablen Départementstraßen („D"). Insgesamt gleichen die französischen Bestimmungen den deutschen. Nur das Hinweisschild „Toutes Directions" ist ungewöhnlich. Es fasst in Ortschaften „alle Richtungen" zusammen, die nicht extra ausgewiesen sind. Wenn Sie einmal keinen Hinweis auf Ihr Ziel finden, folgen Sie diesem Schild.
In Frankreich ist der Kreisverkehr weit verbreitet. Hier gilt Rechts vor Links, falls nicht anders geregelt.
In Frankreich gelten folgende Geschwindigkeitsbeschränkungen: 50 km/h in geschlossenen Ortschaften, 90 km/h (bei Nässe 80 km/h) auf Landstraßen, 110 km/h (100 km/h) auf vierspurigen Schnellstraßen, 130 km/h (110 km/h) auf Autobahnen. Beim ADAC erhalten Sie deutschsprachige Auskünfte und Hilfe bei Pannen oder in Notfällen:

ADAC Notrufzentrale München
Tel. 0049-89-22 22 22 (von Frankreich aus) 24 Std. tgl. besetzt.

Zoll

Innerhalb der EU können Waren für den persönlichen Gebrauch abgabenfrei ein- und ausgeführt werden. Nur wenn Sie große Mengen etwa an Spirituosen (mehr als zehn Liter Weinbrand, Whisky und dergleichen) oder Zigaretten (mehr als 800 Stück) aus Frankreich mitbringen, sollten Sie glaubhaft versichern, dass dieser Vorrat nur für den persönlichen Verbrauch bestimmt ist.

Einkaufen & Mitbringsel

Frankreich ist das Land der Mode und des stilvollen Konsums. Smartshopper kommen auf der „keltischen“ Halbinsel Frankreichs nicht zu kurz. Wer auf der Suche nach solide gefertigten, original bretonischen Produkten ist, bekommt viel für sein Geld – wenn er die richtigen Orte ansteuert.

Bretonisches Seemannsgarn

Jean Seberg streifte ihn über in Godards Kultfilm „Außer Atem“, Brigitte Bardot trägt ihn auf zahllosen Paparazzi-Bildern, Picasso und Modezar Jean-Paul Gaultier haben ihn zu ihren Markenzeichen gemacht – „la marinière“, den weiß-blauen Ringelpulli.

Das winddichte Original mit U-Boot-Ausschnitt wird seit 1938 im Trikotagenwerk **Armor Lux** in Quimper gefertigt, das besichtigt werden kann [Armor-Lux, 21-23, rue Louison Bobet, ZI de Kerdroniou Ouest, 29556 Quimper, Tel. 02 98 90 05 29, www.armorlux.com. Boutique: Mo-Sa 9.30-19 Uhr, Fabrikbesichtigung nach Terminabsprache]. Dort kann man das einstige Kleidungsstück der königlichen Marine auch kaufen. Doch nicht nur in Quimper hat man Gelegenheit, ein echtes Stück bretonisches Seemannsgarn zu erstehen. In mehr als 50 Geschäften und Spezialabteilungen großer Kaufhäuser werden Teile der Armor-Lux-Kollektion verkauft. Tipp: Überlegen Sie zweimal, bevor Sie eines der billigen, an jeder Ecke erhältlichen Ringelplagiate erstehen. Vorteil der echten Marinière ist: Die Farben strahlen lange, und sie läuft garantiert nicht ein.

Trödel und Antikes

Das ganze Jahr über haben stöbernde Nostalgiker die Chance, auf den zahlreichen bretonischen Floh- und Trödelmärkten ein Schnäppchen zu machen. Die Fremdenverkehrsbüros informieren über Markttermine und Orte.

Schönes maritimes Mitbringsel: der weiß-blaue Ringelpulli

Auf der Suche nach hochwertigeren französischen Antiquitäten lohnt ein Blick in eines der Depots an den Landstraßen (auf Beschilderung achten).

Kunstwerke aus Ton

Allein weil sich der Bretagne-Urlauber bei ihrem Anblick an köstliche Speisen und süffige Getränke erinnert, gehören die bretonischen Fayencen zu den beliebtesten Mitbringseln. Hergestellt wird das mit bunten Malereien verzierte Tongeschirr traditionell in Quimper. Hier im Südwesten der Bretagne kann man das Geschirr nicht nur kaufen, sondern auch eine Fayencewerkstatt besichtigen. Besonders sehenswert ist die Produktionsstätte **HB Henriot**, in der Sie den „Malerinnen“ über die Schulter schauen dürfen [Faïencerie HB-Henriot, 2-4 Place Berardier, 29000 Quimper, Tel. 02 98 52 22 52 (für die Besichtigung), contact@henriot-quimper.com, www.henriot-quimper.com].

Blumig: Das bretonische Quimper ist bekannt für seine bunte Fayencen

Alkoholisches ...

Niemand sollte die Rückreise antreten, ohne eine Flasche Cidre für die Lieben daheim im Gepäck zu haben. Wer garantiert nach traditionellen Regeln hergestellten, alkoholischen Apfelmost erstehen möchte, achtet auf das Gütesiegel AOC (Appellation d'Origine Contrôlée). Mit diesem Markenzeichen wurde der Spitzen-Cidre aus Cornouaille ausgezeichnet, dessen Geschmack kaum etwas mit den industriell aus Apfelsaftkonzentrat hergestellten Tropfen gemeinsam hat. Cidre wird in vier Varianten angeboten. Das Spektrum reicht vom leichten Cidre doux (weniger als 3 % Alkoholgehalt) über den etwas stärker gegorenen Cidre demi-sec (3-4 %) oder brut (5-6 %) bis zum hochwertigen Edel-Cidre bouché. Tipp: In gut sortierten Geschäften ist auch Poiré erhältlich, das aus Birnen hergestellte Gegenstück zum Cidre.
Freunde hochprozentigerer Genüsse gönnen sich einen Klassiker aus der Normandie, der auch in der Bretagne erhältlich ist – Calvados. Der Apfelschnaps (40-45 %) wird seit vier Jahrhunderten aus Cidre destilliert und lagert mindestens zwei Jahre in Eichenfässern, bevor er abgefüllt und mit dem Siegel „vieux“ („alt“) versehen im Regal landet. Sehr gute Apfelschnäpse sind über fünf (Hors d'Age), die edelsten Tropfen etwa 15 Jahre alt. Das Eau-de-Vie de Cidre ist übrigens ein dem Calvados ähnliches bretonisches Cidre-Destillat. Typisch bretonische, „geistreiche“ Souvenirs sind außerdem der süß-klebrige Erdbeerlikör von der „Erdbeerhalbinsel“ Plougastel und der aromatische Honigwein (Chouchen), der keltischen Ursprungs ist und angeblich das Getränk der Druiden war.

Alan Stivell

Der Superstar des „Celtic Rock" heißt Alan Stivell. Bereits in den 70er-Jahren machte das bretonische Allroundtalent die Klänge seiner Heimat in aller Welt populär. Stivell soll die Mixtur aus keltischer Folklore und Jazz-Arrangements erfunden haben, von der sich die jungen Musiker der Bretagne inspirieren lassen. Heute begleitet der Mann an der kleinen keltischen Harfe auch andere Popgrößen wie Youssou N'Dour. Und lässt es sich nicht nehmen, hin und wieder in kleinen Gemeinschaftshäusern seiner bretonischen Heimat aufzutreten.

So schmeckt die Bretagne

Die wenigsten der bretonischen Leckereien lassen sich ungekühlt transportieren. Ausnahmen sind der „kouign amann", ein flacher, runder Butterkuchen, der ebenfalls sehr buttrige Sandkuchen „gâteau breton", die Bonbons „berlingots de Nantes", die geräucherte Kaldaunenwurst „andouille fumée" oder hochwertige Fleisch- und Fischkonserven. Auch Ölsardinen können ebenso originelle wie schmackhafte Mitbringsel sein. Die Silberlinge werden in der Bretagne schließlich seit Jahrhunderten verarbeitet und beispielsweise mit exotischen Gewürzmischungen oder Zitronensauce veredelt, bevor sie in den Fabriken von Quiberon, Belle-Île und Concarneau eingedost werden. Authentisch einkaufen lässt es sich in Delikatessengeschäften oder auf den zahllosen bretonischen Märkten, deren Stände auch Kunsthandwerk wie gestickte Hauben oder Schmuck in bretonischem Design anbieten.

So klingt die Bretagne

Um den Hauch eines Festoù-Noz (siehe S. 114) durch die eigenen vier Wände wehen zu lassen, brauchen Sie die passende Musik. Dank der viel zitierten und von Stars wie Alan Stivell (siehe Kasten) eingeleiteten Renaissance bretonischer Folklore, sind CDs mit Klängen von Biniou und Bombarde fast überall erhältlich. Neben uralten Balladen, den melancholischen Gwerziòu und den lyrischen Soniou, sind auch die neuen Kompositionen junger Folkloristen sehr populär. Viele Bretonen praktizieren heute ein Cross-over verschiedenster Stile und kombinieren Traditionelles mit Techno, Pop und Rock. Egal, für welche Richtung Sie sich entscheiden, die Bretagne wird unüberhörbar darin enthalten sein.

Lokale Spezialität: der Kouign amann, ein runder Butterkuchen

Festkalender

Nicht in und um Paris, sondern in der Bretagne finden die meisten französischen Sommerfestivals statt. Dreh- und Angelpunkte der sommerlichen Ausgelassenheit sind die „Feste der Nacht“ (**Festoù-Noz**). Mit diesen urbretonischen Landfesten wurde in früheren Zeiten das harte Tagewerk auf den Feldern buchstäblich weggespült und weggetanzt. Heute steigen die Festoù-Noz in fast jedem bretonischen Dorf, ohne dass es eines besonderen Anlasses bedarf, und auch die feierlichen Trachten wurden durch legeren Freizeitlook ersetzt.
Die „sonneurs“ (Musiker) spielen mit Biniou, Bombarde (siehe Kasten S. 116) und Akkordeons alte bretonische Volkslieder, und auch Touristen sind zum Mittanzen eingeladen. Begleitet wird jede Band traditionell von den „Kan ha diskan“-Sängern, deren Gesang sich abwechselt und immer wieder überlagert. Wann das nächste Nachtfest steigt, ist übrigens auch von Touristen nicht zu übersehen: Auf großen Plakaten kündigen fast alle Städte und Dörfer ihr Festoù-Noz an.

Kein Sommertag ohne Pardon

Das Bistum Quimper geht davon aus, dass in der überwiegend katholischen Bretagne etwa 7.777 Heilige verehrt werden. Jeder dieser himmlischen Schutzpatrone ist für klar umrissenes Leid, Freud oder ganz einfach für eine bestimmte Berufsgruppe zuständig. Die heilige Noyale etwa wurde geköpft und soll nun schweres Kopfweh vertreiben, und der heilige Cado soll von Schwerhörigkeit befreien. Gefeiert werden die Schutzheiligen auf prächtigen Wallfahrten, den **Pardons**. Urlauber sollten sich wenigstens eines dieser Kirchenfeste, deren Höhepunkt eine prächtige Prozession ist, nicht entgehen lassen. Auf allen Pardons werden die Touristen reich verzierte Trachten und kunstvoll gefaltete und bestickte weiße „coiffes“ (Hauben) zu sehen bekommen. Manchmal spielt der religiöse Charakter der Wallfahrten auch gar nicht mehr die zentrale Rolle. Etliche Pardons haben sich zu Volksfesten entwickelt, auf denen getanzt und getrunken wird und sogar Schauspiele aufgeführt werden.
Die Wallfahrtsfeste finden traditionell im Juli und August statt, doch auch vor und nach der touristischen Hauptsaison werden an einigen Orten die Spuren der Heiligen verfolgt. Wann genau, erfahren Sie in Ihrem jeweiligen Office de Tourisme vor Ort. Neben den vielen Festoù-Noz und Pardons werden in der Bretagne auch spezielle Feste gefeiert. Einige

Feiertage

1. Januar: Neujahr
März/April: Ostermontag
1. Mai: Tag der Arbeit
8. Mai: Tag des Waffenstillstands 1945
Mai/Juni: Pfingstmontag
Mai/Juni: Christi Himmelfahrt
14. Juli: Nationalfeiertag
15. August: Mariä Himmelfahrt
1. November: Allerheiligen
11. November: Tag des Waffenstillstands 1918
25. Dezember: Weihnachten

der für Familien geeigneten Veranstaltungen, bei denen auch Kinder auf ihre Kosten kommen, empfehlen wir Ihnen auf den folgenden Seiten.

Juli

Kinder-, Musik-, Folklore- und mittelalterliche Festivals

Kleine Bretoninnen und Bretonen sind die Stars des Festivals der Kinder (**Festival des Enfants de Bretagne**), das am ersten Sonntag im Juli in Guingamp im Département Côtes-d'Armor stattfindet. Der Nachwuchs trägt stolz die schönsten Trachten der Region durch die historischen Straßen der Altstadt, übt sich in bretonischem Ringkampf und im Tanzen. Kleine und große Gäste können selbst aktiv werden. Wie wäre es zum Beispiel mit einem Kochkurs à la Bretagne?

Alle zwei Jahre am 14. Juli (2016, 2018 usw.) richtet die kleine Stadt Josselin im Morbihan das **Festival Médiéval** aus, ein mittelalterliches Fest, das auch über die Grenzen des Départements hinaus sehr beliebt ist. Kein Wunder: Die Spielfreude der Einwohner, die sich einen Tag lang als Herren und Damen aus feinem Hause, als Bettler oder Troubadoure verkleiden, ist einfach ansteckend. Ende Juli treffen sich Folklorefans eine Woche lang auf dem **Festival de Cornouaille** in Quimper. Das größte europäische Fest volkstümlicher Musik und Kunst lädt alle Gäste zu einer Expedition in die Vergangenheit und Gegenwart bretonischer Kultur ein. Tradition wird auch beim **Festival Kann Al Loar** gepflegt, das jährlich im Juli in den Straßen Landerneaus große und kleine Menschen begeistert.

Juli/August

Hafenfeste

Alle vier Jahre, das nächste Mal vom 13. bis 19. Juli 2016, findet in der Bretagne zum siebten Mal das große Hafenfest statt, die „**Fêtes maritimes internationales Brest 2016**". Mehr als 2.000 Schiffe versammeln sich in der Bucht von Brest

Bretonische Kulturtracht auf dem Festival de Cornouaille in Quimper

– ein Riesenspektakel, an dem 9.000 Seefahrer und 3.000 Artisten aus 25 Ländern sowie eine halbe Million Besucher teilnehmen. (Weitere Infos, französisch und englisch, auf www.brest2016.fr, Tageskarten ca. € 9-15.) Am 19. Juli machen sich mehrere Hundert Schiffe in Brest auf nach Douarnenez in den Hafen von Rosmeur, wo das Hafenfest bis zum 24. Juli im Rahmen der Temps Fête weitergeht. In 2016 wird besonders groß gefeiert: Das Fest feiert seinen 30. Geburtstag. (Weitere Infos beim CRT, Adressen siehe S. 101, und unter www.tempsfete.com.)

„Donnerstag ist Feiertag“ lautet das Motto während der Monate Juli und August in Brest. Dann steigen an jedem Donnerstagabend die **Jeudis du Port** mit zahllosen Künstlern und internationalen Stars, die Akrobatisches, Clowneskes und Musikalisches zum Besten geben.

August

Keltisches Musikfestival

Tänzerinnen in bunten, reich verzierten Trachten und mit prächtigen, traditionellen Coiffes kreiseln um Männer in ebenso traditionsreicher Kluft: Keltische Tänze sind nur eine Attraktion des **Festival Interceltique**, das Anfang August zehn Tage lang Lorient auf den Kopf stellt. Über 200 Veranstaltungen, 5.000 Künstler und knapp 700.000 Besucher machen das keltische Musikfestival zu einem der Höhepunkte im sommerlichen Festprogramm. Bei diesem Mammutspektakel, das schon zum 45. Mal stattfindet, setzen Künstler aller Sparten keltischer Musik ihr ganzes Können daran, das Publikum mitzureißen und die Straßen der Stadt in ein Tanzparkett zu verwandeln.

Der bretonische Dudelsack

Auf vielen Festen in der Bretagne sind Männer in matrosenähnlicher Kluft zu sehen, die den „Biniou“, den bretonischen Dudelsack mit den langen, schmalen Pfeifen, spielen. Begleitet werden die „Biniounisten“ oft von Musikern mit einem ebenso merkwürdigen Instrument, der „Bombarde“. Achtung, Abstand halten: Aus dem Blasinstrument, das einer Oboe gleicht, kommen recht schrille Laute.

September

Tage des Kulturerbes

Am dritten Wochenende im September finden jährlich die **Journées européennes du patrimoine** statt. An diesen zwei Tagen stehen im ganzen Land eine Vielzahl an historischen Gebäuden und archäologischen Stätten dem interessierten Publikum unentgeltlich offen.

Oktober

Kastanienfest

Im Oktober dreht sich in Redon alles um die Kastanie (Mois du Marron), seit 40 Jahren schon. In diesen Wochen gibt es Konzerte, Veranstaltungen und Feste zum Thema, die Menschen kommen zusammen, feiern und essen, natürlich auch frisch geröstete Esskastanien. Der Höhepunkt ist aber das Fest **La Bogue d’Or** am letzten Oktober-Wochenende, mit bretonischen Volksliedern, Tanz, Verkostungen und Erzählwettbewerben.

Flora & Fauna

Wer versucht, die Tier- und Pflanzenwelt des westlichsten Zipfels Frankreichs zu beschreiben, greift auf zwei keltische Begriffe zurück: Armor (Land am Meer) und Argoat (Land der Wälder). Betont wird so die Unterschiedlichkeit zwischen dem herben, granitenen Küstenstreifen und der grünen Bretagne im Landesinneren.

Maritime Wärmequelle

Dass es in der Bretagne üppiger blüht und gedeiht als an anderen Orten auf dem gleichen geografischen Breitengrad, verdankt die Region dem nahe vorbeifließenden Golfstrom. Er dafür sorgt, dass auch Mittelmeerpflanzen wie Steineichen und sogar Palmen in Frankreichs Westen überwintern.

Heute werden über 59 Prozent der Bretagne landwirtschaftlich genutzt. Neben endlosen Apfelbaumplantagen gedeihen hier neben den klassischen Feldgemüsen auch Erdbeeren und die legendären Artischocken. Insbesondere im bretonischen Süden und auf den vorgelagerten Inseln wird das Wachstum dekorativer Schmuckpflanzen gepflegt. Geranien, Hortensien, Oleander und Rhododendren setzen bunte Akzente in der Landschaft. In den Heidelandschaften zwischen Küste und Landesinnerem geht es ursprünglicher zu. Der Boden ist im April und Mai von gelb blühendem Besen- und Stechginster überzogen, und auch Farne und Brombeersträucher lugen aus dem Heidekraut. In den bretonischen Salzwiesen- und Moorlandschaften brauchen Pflanzenkundige ein gutes Auge oder

Durch die Lage am Golfstrom gedeihen Artischocken prächtig

einen kenntnisreichen Führer, um Exoten wie den Sonnentau zu erspähen, den viele als eine Gattung der fleischfressenden Pflanzen kennen.

Armor – Land am Meer

Zahlreiche Muschelzuchtstationen und Austernbänke weisen unverkennbar darauf hin: Auch unter der Wasseroberfläche regt der Golfstrom zu intensivem Kreuchen und Fleuchen an. Zusätzlich begünstigen die starken Gezeiten das

Wachstum des Planktons, der Nahrung vieler Meeresbewohner. Und das Meer und seine Bewohner ernähren nach wie vor die Bretonen: Der Fischfang ist immer noch einer der Haupterwerbszweige in dieser Region.
Kleine und große Entdecker auf der Suche nach Muscheln und Krustentieren haben beim Schnorcheln ebenso große Chancen, fündig zu werden, wie bei einem Wattspaziergang. Doch aufgepasst: Wer Steine im Watt anhebt, um nachzusehen, was sich darunter regt, sollte sie wieder an genau dieselbe Stelle zurücklegen. Denn unter den unscheinbaren grauen Brocken gedeiht eine unsichtbare Mikrofauna, die wichtig ist für das ökologische Gleichgewicht im Watt. Übrigens wurden selbst die langen, seltsamen Schlieren, die überall im Watt zu sehen sind, sinnvoll genutzt. Seetang diente als Viehfutter und zur Düngung der Felder. Aus seiner Asche wurde sogar Jod gewonnen.

Gewimmel am Himmel

Die Halbinsel im Westen gilt als Vogelparadies, ornithologisch interessierte Wanderer sollten also immer ein Fernglas griffbereit haben. 80 Prozent der in Frankreich nistenden Vögel ziehen durch die Bretagne oder überwintern in ihrem milden Klima. Ab März lohnen Abstecher in zahlreiche Vogelreservate an der Küste, in denen es millionenfach zu balzen und zu brüten beginnt. Neben verschiedenen Möwenarten können geduldige Vogelkundler in Küstennähe unter anderem Kormorane, Papageientaucher und Eissturmvögel erspähen. Sogar Greifvö-

Vogelparadies Bretagne – ob für Möwen, Papageientaucher oder Kormorane

gel wie Wanderfalken und Waldkauze fühlen sich in der Bretagne heimisch, genauso wie Graureiher, Kuckucke, Bachstelzen und Sumpfmeisen.
Besonders gut lässt sich das gefiederte Volk rund um den Golfe du Morbihan, auf der Vogelschutzinsel Île Grande und im Reservat der „Sept-Îles“ im Département Côtes-d’Armor beobachten. Letzteres gilt als bedeutendstes Vogelreservat Frankreichs, in dem sich auch die Lieblinge fast aller Kinder tummeln: Die kleinen Trottellummen erscheinen durchs Fernglas zum Greifen nah.

Amphibien und Reptilien auf der Spur

Naturliebhaber, die sich statt mit dem Fernglas lieber mit Kescher und Lupe auf Entdeckungstour begeben, werden in den sumpfigen Gebieten fündig, insbesondere im Feuchtgebiet der Brière. Kröten, Wasser- und Laubfrösche – Kaulquappen-Zeit ist übrigens im März und April – lassen sich hier in aller Ruhe beobachten. Aufregenderes Getier ist allerdings rar, Ringelnattern, Kreuzottern oder andere Schlangenarten winden sich nur noch äußerst selten durch die Bretagne. An der sonnigen Südküste und auf den Inseln der Südbretagne huschen die meisten Echsen durch die Landschaft. Neben den altbekannten Mauereidechsen sind hier vor allem die leuchtend grünen Smaragdeidechsen zu beobachten, von denen insbesondere kleine Pirschgänger fasziniert sind.

Bretonische Naturschulen

Der Schutz des natürlichen Lebensraums wird in der Bretagne großgeschrieben. Neben zahlreichen Vogelschutzreservaten wurde unter anderem der Naturschutzpark „Parc Naturel Régional d’Armorique“ eingerichtet, in dem fachkundliche Begleitung das Augenmerk der Touristen auf zahlreiche bedrohte Pflanzen und Tierarten, darunter auch Otter, Biber und Lachse lenkt. Viele Bauernhöfe bitten auch zum Naturkundeunterricht im Stall und unter freiem Himmel. Über die aktuellen Angebote und Öffnungszeiten von Reservaten, Tierparks und Höfen wissen die Mitarbeiter in den regionalen Fremdenverkehrsämtern vor Ort am besten Bescheid.

Miraculix’ Liebling

Wer den Kopf hebt, entdeckt in vielen Laub- und Nadelbäumen eine eigenartige Pflanzenart: die Mistel. Genau, es handelt sich um jenes Grünzeug, nach dem der Druide Miraculix stets mit seiner Sichel fahndete. Die Mistel ist ein sogenannter Parasit. Sie bohrt ihre Wurzeln durch das Astholz des Wirtsbaums, um dessen Nährstoffsystem anzuzapfen. Ausgeklügelt ist auch ihre Fortpflanzung: Das parasitische Gewächs bildet um seine Samen bunte Fruchtattrappen, die an den Schnäbeln hungriger Vögel kleben bleiben. Diese transportieren ihre klebrige Last auf den nächsten Baum und versuchen dort, die Samen abzustreifen. Kaum ist das gelungen, beginnt die Mistel ganz langsam damit, den neuen Wirt anzuzapfen.

Geschichte

An keinem anderen Ort der Welt gibt es so viele von Steinzeitmenschen aufgestellte Menhire und Dolmen wie in der Bretagne. Hier wurden die „großen Steine“ nicht nur wahllos in die Landschaft gepflanzt, sondern in parallelen Reihen arrangiert. Die längsten dieser Steinreihen mit jeweils mehr als 1.000 Granitbrocken sind in Carnac (siehe Tour 7, S. 63) zu finden.

Rätsel in Granit

Eine wichtige Voraussetzung für ihre rege Bautätigkeit war die beginnende Sesshaftigkeit der Menschen der Jungsteinzeit. Die nach der Eiszeit üppig gedeihende Flora und Fauna provozierte die Entwicklung zum Bauern und Hirten. Das erste Zeugnis der sogenannten Megalithkultur (Großsteinkultur) findet sich in der Bretagne um 4500 v. Chr. Warum haben die Menschen vor über 6.500 Jahren damit begonnen, Granitriesen in umständlichster Manier aus dem Fels zu sprengen? Was trieb sie dazu, die Steinkolosse kilometerweit durch die Landschaft zu wuchten? Einige Experten vermuten, dass spirituelle Motive dahinterstehen, andere interpretieren die Menhire als Fruchtbarkeitssymbole, Prozessionsstraßen oder Teile einer astronomischen Messung. Relativ eindeutig scheint der Zweck der Dolmen zu sein: Die Steinplatten dienten als Einzel- und Gemeinschaftsgräber.

Die Kelten kommen

Die Megalithepoche wird etwa 2.000 v. Chr. durch die Bronzezeit abgelöst, griechische und irische Einwanderer bringen erste bronzene Waffen und Handwerkszeuge in die Bretagne. 500 v. Chr. erreichen keltische Stämme auf der Suche nach neuem Lebensraum die bretonische Halbinsel. Ausgestattet mit neuer, eiserner „Hardware“ haben die Kelten keinerlei Schwierigkeiten, die ansässige Bevölkerung zu unterwerfen. Die eroberte Halbinsel wird von ihnen „Armorika“ (Land am Meer) getauft. Spirituelle Führer der keltischen Zivilisation sind die Druiden. Diese Priesterkaste soll heilend gewirkt und religiöse Kulte praktiziert haben.

Römische Besatzer, renitente Armorikaner

Im Land des Meeres etablieren sich zwar schnell fünf keltische Stämme, denen es jedoch nicht gelingt, über den Tellerrand interner Kleinkriege zu blicken und für eine übergeordnete Sicherung ihres Landes zu sorgen. Diese Uneinigkeit ermöglicht es den römischen Truppen unter Julius Caesar, die Bretagne 56 v. Chr. zu erobern. Etwa 400 Jahre dauert die römische Kolonialherrschaft, in der aus Armorika offiziell die Provinz Lugdunensis wird.

Die Druidenkulte und die keltische Sprache werden verboten, das Land mit einem feinmaschigen Straßennetz ausgestattet, das es erleichtert, die nicht unerheblichen Steuern von den gallischen Untertanen einzutreiben. Während sich der bretonische Osten recht problemlos mit den Besatzern arrangiert, haben die römischen Legionäre mit den renitenten

Geschichtsunterricht zwischen steinernen Zeitzeugen in Carnac

„Westlern" etliche Probleme. Im Finistère sträubt man sich lange Zeit gegen die römische Vorherrschaft.

Bischöfe statt Druiden

Nach dem Niedergang des römischen Reichs kommt es in der Bretagne zu einer zweiten keltischen Einwanderungswelle. Auf der Flucht vor Angeln und Sachsen strömen die Kelten ab dem 5. Jahrhundert auf das nahe gelegene Festland. Diesmal haben die Einwanderer christliche Priester und Bischöfe im Schlepptau. Die Gottesmänner sind mit weltlichen Machtbefugnissen ausgestattet und treiben die Bekehrung erfolgreich voran. Viele christliche Priester werden später zu bretonischen Heiligen. Festzuhalten bleibt, dass das keltische Brauchtum im 5. und 7. Jahrhundert erneut Fuß fasst und „Klein-Britannien" in kleine Pfarrgemeinden geteilt wird.

Könige und Herzöge

In den nächsten Jahrhunderten versuchen unter anderem die Franken und die Normannen, das Land zu unterwerfen. 799 erobert Karl der Große die Region, sein Nachfolger Ludwig der Fromme macht den einflussreichen Nominoë zum ersten Herzog der Bretagne. Doch der einstige Graf von Vannes trachtet nach Unabhängigkeit, besiegt das Heer Karl des Kahlen und macht der fränkischen Herrschaft ein Ende. Nominoës Sohn Erispoë wird König der Bretagne.
Alain Barbetorte, dem letzten König, gelingt zwar die endgültige Vertreibung der immer wieder einfallenden Normannen, doch er nimmt das Königtum im Jahre 952 mit ins Grab. Die Halbinsel wird wieder zum Herzogtum, um das zunehmend und insbesondere während des 100-jährigen Kriegs Engländer und Franzosen rangeln. Die Herzöge von

Monfort bescheren der Bretagne eine knapp 100 Jahre währende wirtschaftliche Blüte, bis der letzte bretonische Herzog 1488 in einer Schlacht von den Franzosen besiegt wird. Seine Tochter Anne besteigt den Thron und sichert der Bretagne durch geschickte Heiratspolitik (siehe Kasten) die Autonomie eines souveränen Herzogtums.

Freiheit, Gleichheit, Brüderlichkeit?

Die Bretagne wird französische Provinz mit autonomem Status, 1554 wird in Rennes ein bretonisches Parlament eingerichtet. Der heftige Glaubenskrieg zwischen Hugenotten und Katholiken tobt auch in der Westregion. Unter der rigiden Herrschaft des „Sonnenkönigs" Louis XIV. kommt es zur Verarmung insbesondere der Bauern und Fischer. 1675 bündeln sich die Aufstände in der „Stempelpapierrevolte", die blutig niedergeschlagen wird. In diesem Klima wird der Ausbruch der Französischen Revolution zunächst euphorisch begrüßt. Doch die antiklerikale Haltung der Republikaner, die Streichung autonomer Privilegien und die Zerteilung in vier von Paris verwaltete Départements sorgen für raschen Umschwung in der katholischen Bevölkerung.

Verarmung und Autonomiebewegung

Die Bretagne profitiert kaum von der Industrialisierung im 19. Jahrhundert. Die Textilindustrie und die Entstehung einzelner Fischkonservenfabriken bieten der Jugend keine Perspektiven. Es kommt zu massenhafter Abwanderung. Forciert wird der Bevölkerungsschwund durch die große Anzahl der Bretonen, die zwangsrekrutiert werden und im Ersten Weltkrieg fallen. Die nationalistische Unabhängigkeitsbewegung organisiert sich. Etliche Hafenstädte werden im Krieg in Schutt und Asche gelegt.

Sanfter Aufschwung

Die bretonischen Bauern protestieren gegen die Preispolitik der Gemüsehändler und setzen bessere Bedingungen in der Agrarwirtschaft durch. So kippten die Landwirte im Rahmen des Artischockenkriegs 1960/61 Tonnen von Artischocken vor Verwaltungsgebäude. Die zahlreicher in die Bretagne strömenden Touristen untermauern den wirtschaftlichen Aufschwung.

Anne – kindliche Heldin

Die Elfjährige, einzige Erbin des letzten bretonischen Herzogs, wird nach dem Tod ihres Vaters zur heiß begehrten Partie. Mit zwölf Jahren schließt sie eine Fernehe mit Maximilian, dem Erzherzog von Österreich, um der Bretagne einen Bündnispartner zu sichern. Doch der französische König Karl VIII., ein Teenie von 17 Jahren, setzt seine Vermählung mit Anne durch. Die Bretagne wird zwar französisch, doch die Bevölkerung labt sich an der Tatsache, dass ihre Königin eine Bretonin ist. Als Anne mit 36 Jahren stirbt, ist sie zu einer Art Star avanciert und wird auch heute noch als Kultfigur verehrt.

Sport

Angeln

Die französische Nationalsportart kann an den vielen Seen, Flüssen und Kanälen praktiziert werden. Voraussetzung ist der Besitz eines Angelscheins (permis de pêche), den Sie entweder in Frankreich direkt vor Ort, am besten in einem Anglergeschäft, oder online erwerben können (Online-Kauf: http://de.cartedepeche.fr/, 1 Jahreskarte für Erw. zwischen € 70 und € 100, für Jugendliche 12-18 J. € 5-20, für Kinder unter 12 J. € 6, Wochenkarte 7 Tage € 30, Tageskarte € 10 pro Person). Aber Vorsicht: Forellen unter 23 Zentimeter sowie Hechte unter 50 Zentimeter Länge dürfen nicht geangelt werden! Hochseeangeltouren, wenn nötig inklusive Ausrüstung, werden in der Hochsaison in den großen Touristenzentren offeriert. Ein Angelschein ist für das Fischen auf hoher See nicht erforderlich. Wissenswertes über das bretonische „Fußfischen" ist auf S. 20 nachzulesen.

Das geht auch ohne Angelschein: Krabbenfischen am Strand

Golf

Wer die sprichwörtliche ruhige Kugel schieben will, dem stehen mehr als 30 Golfplätze mit überwiegend 18 Löchern zur Verfügung. Wo genau auch Tagesgäste aktiv werden können, ist bei der Ligue de Bretagne de golf, 104, rue Eugène Pottier, 35000 Rennes, Tel. 02 99 31 68 80, http://liguebretagnegolf.org/ zu erfahren. Der CRT (siehe S. 101) bietet online eine Übersicht über alle Plätze.

Radfahren

Radelnde Familien können überall in der Bretagne zu zahlreichen schönen Etappen starten. Insbesondere mit kleineren Kindern sollte der fast ständig wehende bis brausende (Gegen-)Wind allerdings nicht unterschätzt werden. Radwege gibt es in den seltensten Fällen, auf den wenig frequentierten Nebenstraßen ist das jedoch kein großer Verlust. Ungestörtes Radeln ist besonders auf den alten Treidelpfaden entlang der Kanäle im Landesinneren garantiert, dort lassen sich auch Pausen mit Blick auf Angler und Bootsverkehr einbauen. Informationen erhalten Sie beim CRT, (Adressen siehe S. 101) auch online. Infos zum Verleih von Fahrrädern siehe A-Z-Teil, S. 103.

Reiten

Ganz egal, ob es nur eine einzelne Reitstunde oder ein Tagesausflug auf dem Pferd sein soll – zahlreiche Reitclubs erfüllen die Wünsche von Pferdeliebhabern (Informationen in den Fremdenverkehrsämtern vor Ort). Sehr populär sind die Strandausritte bei Ebbe.

Strandsegeln, auf Französisch – char à voile, ist im Trend

Segeln

Mehr als 170 Segelschulen und -clubs verteilen sich entlang der Küste. Die Kurse für Kinder und Erwachsene werden in der Regel versiert angeleitet und sind recht preiswert. Achtung: Es ist nicht selbstverständlich, dass die Trainer deutsch oder englisch sprechen. Eine Liste der Segelschulen kann angefordert werden bei der Ligue Bretagne de Voile, 1, rue Kerbriant, 29200 Brest, Tel. 02 98 02 83 46, www.voile-bretagne.com. Auch Strandsegeln, auf Französisch - char à voile, ist populär – bei Ebbe surfen die Sportler rasend schnell über die breiten Sandstrände. Auf der Website www.osez.tourismebretagne.com gibt es Adressen von Clubs, die Kurse anbieten.

Surfen

Surfschulen und Verleiher von Boards sind an der bretonischen Küste ähnlich präsent wie Segelschulen. Es sollte jedoch beachtet werden, dass das Revier besondere Charakteristika aufweist. Erstens ist ein Neoprenanzug unerlässlich, und zweitens sollte man daran denken, dass das Brett bei Ebbe unter Umständen ganz schön weit getragen werden muss. Zudem können die Gezeitenströme auch Surfern gefährlich werden. Neu-Aufsteiger sollten erste Versuche nur in geschützten Buchten starten, beispielsweise in der Bucht von Brest oder in der von Bénodet. Erfahrene Brettartisten versammeln sich an der Worldcup-erprobten Pointe de la Torche. Ein gutes Areal für Beginner und Könner ist die Halbinsel Quiberon mit einer brandenden Küste auf der einen und ruhigem Gewässer auf der anderen Seite. Informationen gibt es bei Ligue Bretagne de Voile, Adresse siehe unter Stichwort „Segeln".

Tauchen und Schnorcheln

Für Anfänger sind die Tauchreviere fast ausnahmslos zu anspruchsvoll, die Strömungsverhältnisse und Gezeiten-

Es ist nett auf der Pénichette

*Die gemütliche Urlaubsvariante auf dem Hausboot für Flüsse und Kanäle ist bei Familien beliebt. Die **Pénichettes** sind in einfacher oder luxuriöser Ausstattung auch für Wochenenden zu leihen und leicht und führerscheinfrei zu handhaben. Für Landpartien zwischendurch bietet es sich an, Fahrräder gleich mitzumieten. Infos darüber sind beim CRT oder bei Atout France (Adressen siehe S. 101) erhältlich.*

Thalassotherapie – Gesundheit aus dem Meer

Gestresste Städter, Menschen mit Rheuma, Stoffwechselproblemen, orthopädischen oder neurologischen Leiden lassen sich seit Beginn der 60er-Jahre in der Bretagne mit Meerwasser (griech. thalassa) behandeln. Populär wurde die Mitte des 18. Jahrhunderts entwickelte Therapie durch den dreifachen Tour-de-France-Sieger Louison Bobet, der sich nach einem Autounfall erfolgreich mit sprudelnden und perlenden Bädern, Hydromassagen, Algenpackungen und Meerwassergymnastik behandeln ließ. Kein Wunder: Schließlich seien, so die Thalassotherapeuten, die Salze des Meerwassers mit denen des menschlichen Blutplasmas identisch und deshalb gesund. Wer sich selbst von der heilenden Wirkung überzeugen möchte, bucht Anwendungen in einem der Thalassozentren an der Küste. Weitere Infos gibt's auch im Internet unter www.thalasso-bretagne.fr.

wechsel sind nur etwas für erfahrene Unterwasserexpediteure. Von vielen Tauchbasen aus werden Touristen mit Tauchschein und Gesundheitszeugnis zu den reizvollsten Tauchgründen gefahren. Informationen und Adressen von Tauchschulen und -zentren gibt es bei Ligue Bretagne de Voile, Adresse siehe unter Stichwort „Segeln“. Das Schnorcheln ist am ergiebigsten im Wasser geschützter Felsbuchten. Zusätzlich vermeiden Sie die Gefahren infolge starker Strömungen. Viel zu entdecken gibt es rund um die Belle-Île und im Golf von Morbihan mit vom Meer umspülten Megalithen.

Tennis

Die gelbe Filzkugel kann auf Plätzen von Hotels, Appartement- und größeren Campinganlagen sowie in den Clubs in fast allen Badeorten übers Netz gedroschen werden. In der Hochsaison im Juli und August sollten Liebhaber des weißen Sports ihre Übungszeiten rechtzeitig anmelden, da die Plätze oft überlaufen sind. Informationen vor Ort in den regionalen Fremdenverkehrsbüros.

Wandern und Klettern

Der König der Wanderwege ist der Zöllnerpfad, heute Fernwanderweg GR 34. Der Hobby-Wanderer wird sich allerdings auf einen der landschaftlich besonders reizvollen Abschnitte dieser Marathonstrecke beschränken (siehe auch Tour 3, S. 43). An lauschige Plätzen ins Landesinnere führen die mittelalterlichen Pilgerwege. Auf den „chemins du Tro Breiz“ gelangt man etwa in die Wälder des Forêt de Brocéliande. Wenn Sie eine mehrtägige Wanderung planen, sollten Sie urig übernachten: Die Gîtes d'Etapes sind einfache Herbergen für sportive Touristen. Informationen über die Gîtes d'Etapes (www.gites-refuges.com). Eine Herausforderung für Freeclimber ist allein die Pointe de Penhir auf der Crozon-Halbinsel südlich von Brest. Wagemutige hängen sich hier in eine Steilwand über dem tosenden Meer.

Verlag: COMPANIONS GmbH,
Bei den Mühren 1, 20457 Hamburg,
Tel. 040-306 04-600,
Fax 040-306 04-690,
E-Mail: info@companions.de,
Internet: www.companions.de

Autorin: Audia Kéïta
Lektorat : Sonja Helms
Schlussredaktion:
Bettina Hensel, Katharina Wilhelm
Schlusskorrektur:
Nadia Al Kureischi
Titelgestaltung und Layout:
Cornelia Prott
Druck und Bindung:
DZA Druckerei zu Altenburg GmbH

Bildnachweis:
Titelfoto: Fotolia.com/chrisberic; **Fotolia.com** (Jérôme Castel S. 2 oben, Paty S. 5, rimmdream S. 10, gam16 S. 12, moonrun S. 14, Jonathan S. 19, Pierre Violet S. 22, synto S. 24, Kurt Misar S. 25, guitou60 S. 26, Philippe Devanne S. 27, Jag Images S. 28, PackShot S. 30, chrisberic S. 31, 123, jovannig S. 38, aterrom S. 41, 42, 46, 49, 50, Rico K. S.44, photlook S. 45, Alexi Tauzin S. 52, oceane S. 53, guitou60 S. 54, savoieleysse S. 60, lamax S. 65, PackShot S. 70, amidala S. 79, Snappy 80, Jeanphilippe Delisle S. 97, Keryann S. 107), BrightOak S. 2 unten, Thinkstock/istock/J. Wildman S. 3 oben, Xavier Mosnier S. 3 unten, Sonny S. 6, Julia Casado S. 8, **shutterstock.com** (Elena Dijour S. 13, Daxiao Productions S. 17, Elena Dijour S. 20, Rolf E. Staerk S. 23, Weskerbe S. 33, photogolfer S. 40, Igor Plotnikov S. 55, Pavel Ilyukhin S. 57, Jakez S. 66, Victor Maschek S. 67, Oscity S. 103, pixinoo S. 113, WorldPictures S. 115), panthermedia.net/Walter Egloff S. 18, Anja Osenberg S. 29, iStockphoto.com/PatrickPoendl S. 34, Simon Toeller S. 36, Thinkstock/hardyuno S. 51, Thinkstock/istock/saintho S. 58, Thinkstock/istock/laurent S. 59, Gama S. 63, Thinkstock/istock/VvoeVale S. 69, Julia Casado S. 74, Thinkstock/istock/Rajinder Mudhar S. 77, Edi Nugraha S. 83, La Récré des 3 Curés S. 85, 89, Disneyland Paris S. 86, 87, Gabriele Kuminek/Travelmedia S. 88, 95, Oceanopolis S. 90, Michel Jamoneau/Village de Poul Fetan S. 91, panthermedia.net/Verena Scholze S. 93, Tropical Parc S. 94, Maxence Gross S. 96, Jean-Clair Galloo S. 99, Rob Potvin S. 100, Skeeze S. 109, panthermedianet/Lamarinx S. 111, Jacqueline Macou S. 112, Vincent Schouten S. 117, Denis Doukhan S. 118, Deborah Bates S. 121, Beat Troller S. 124

Karte: Karthographiebüro Jochen Fischer

ISBN: 978-3-89740-732-9